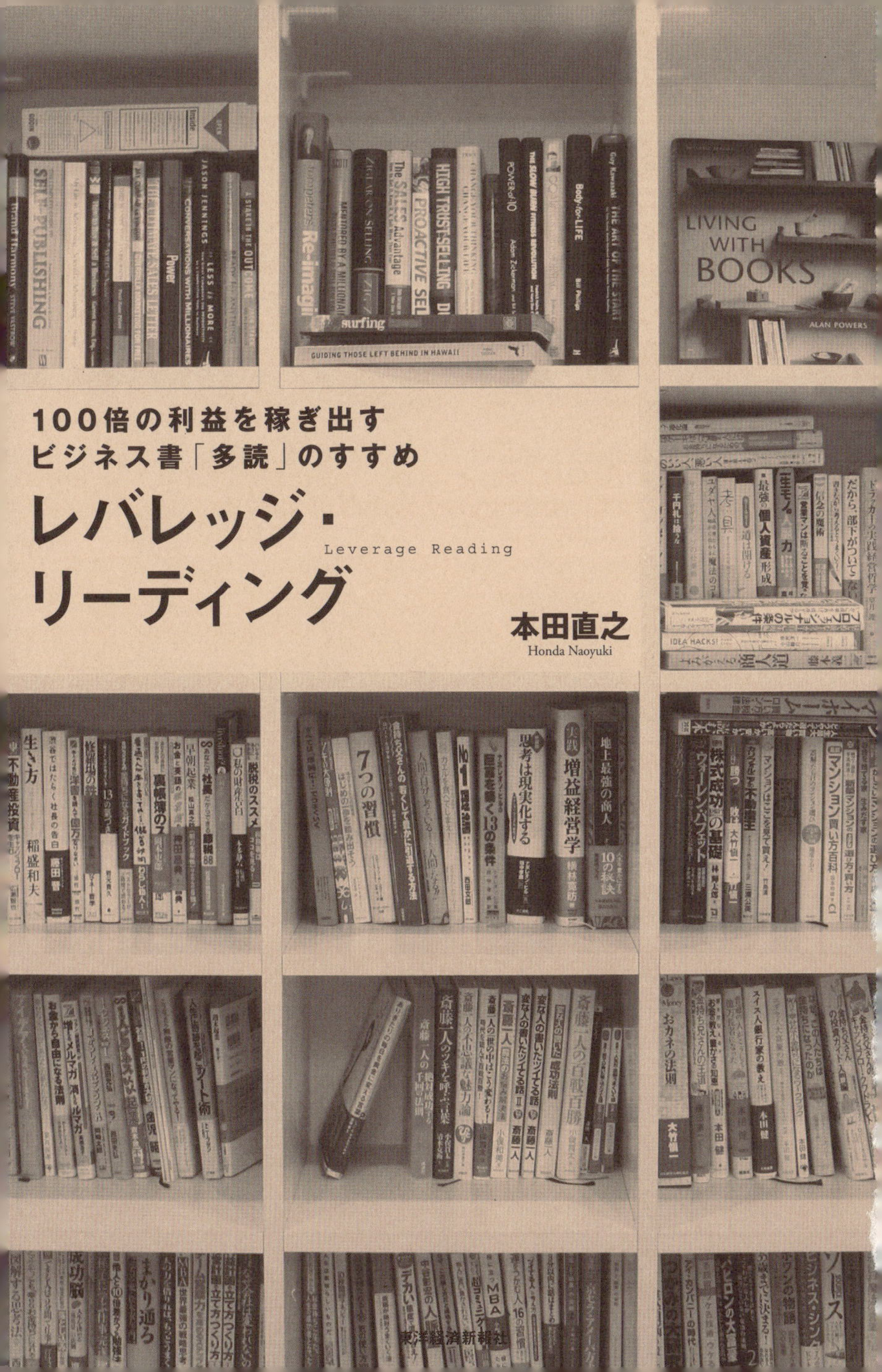

100倍の利益を稼ぎ出す
ビジネス書「多読」のすすめ

レバレッジ・リーディング

Leverage Reading

本田直之
Honda Naoyuki

東洋経済新報社

はじめに

わたしは今、経営コンサルティング会社を経営し、日米一〇社のビジネスに資本・経営参加しながら、毎日必ず新しい本を一～四冊読んでいます。読むのはいわゆる「ビジネス書」がほとんどです。どんなに忙しいときでも、一日一冊は読んでいます。合計すると、年間で四〇〇冊は下らないでしょう。

もちろんわたしも、みなさんと同じく仕事を持つ身です。決して時間が有り余っているわけではありません。それなのに、なぜこんなにも本を読むのでしょうか。

その理由は、わたしにとって読書とは、「投資活動そのもの」だからです。本を読むのは自分に投資することです。それは、このうえなく割のいい投資です。どんなに利率のいい金融商品に投資するよりも、確実に多くのリターンをもたらします。

ビジネス書の値段は、だいたい一二〇〇～一八〇〇円です。仮に一冊一五〇〇円としましょう。この一五〇〇円の本から学んだことをビジネスに生かせば、元が取れるどころか、一〇倍、いや、一〇〇倍の利益が返ってきます。これはわたし自身や周囲の成功者の実績から弾き出した数値です。

一〇〇倍ということは、一五〇〇円が一五万円になるのです。つまり、わずか一五〇〇円の本の中に、一五万円の価値が隠されているのです。読書ほど格安の自己投資はありません。

こう言うと必ず、

「読書が大事なことはわかっているけれど、忙しくて読むヒマがない」

という答えが返ってきます。

しかし、これはわたしに言わせれば、まったく逆です。本当は、

「本を読まないから時間がない」

のです。どういうことか、説明しましょう。

ビジネス書には、努力の末に成功した人がその知識やノウハウを書いたものがたくさんあります。それを読むということは、成功した人のやり方から学ぶということにほかなりません。その知識やノウハウを自分流にアレンジして仕事に役立てれば、もっと効率よく仕事をすることができます。本を書いた人が何年も何十年もかけて体得したノウハウを、わずか一冊の本を読むだけで手に入れることができるのです。そのうえで自分なりの工夫を加えれば、早く、少ない労力で、成功にたどり着ける。その結果、時間の余裕が生まれるというわけです。

それなのに本を読まない人は、せっかく本にうまいやり方が書いてあるにもかかわらず、

自分一人で一から試行錯誤しながら、何もかもやろうとする。要領がよくないのです。

言い換えれば、「不労所得」と「勤労所得」のようなもので、本を読まなければ、「勤労所得」のように、毎回自分でゼロからいろいろ試行錯誤して、実行することでリターンを得ることになります。しかし、本を読むことで、「不労所得」のように、蓄積してきた「パーソナルキャピタル（自分資産）」を働かせることにより、少ない労力で大きなリターンを得ることができるようになることなのです。

時間は生まれたときから誰でも一日二四時間と平等なのです。それなのに、生活レベルが不平等なのには何か理由があるのです。だから、工夫して要領よく効率を上げないと、毎日いたずらに忙しいだけで、本を読む時間も気力も体力も残らないというわけです。

このように言うわたしも、子どものころから読書の習慣があったわけではありません。むしろその反対で、本は嫌いでした。小学校から大学まで、教科書以外の本は自分から進んではほとんど手に取りもしませんでした。

そんなわたしが読書に目覚めたのは、大学卒業後、外資系企業に三年勤めた後、ＭＢＡ（経営学修士）を取得するためにアメリカのビジネススクールに留学したのがきっかけでした。

ビジネススクールでは速いペースで授業が進むだけでなく、信じられないくらい大量の課題が出されます。しかも、当然すべてが英語です。そのため短期間で大量の本を効率的に読まざるをえなくなったのです。そのとき必要に迫られて編み出したのが、自己流の読書法です。帰国後、そのノウハウに改良を重ね実際のビジネスに結びつけたものが、これから本書で紹介する「多読術（レバレッジ・リーディング）」です。

この読書法はビジネス書を効率よく読むための手法です。といっても、いわゆる「速読」とはまったく違います。速読を身につけるときのように、講座に通ったり、目の動かし方を練習したりする必要は全然ありません。誰でも簡単にでき、お金も時間もかけずに身につけることができます。

レバレッジ・リーディングを身につければ、一日一冊程度は軽く読めるようになり、年間四〇〇冊もすぐ突破できるようになります。なにより重要なことは、本から得たエッセンスを養分にして、自分自身が仕事のできる、稼げるビジネスパーソンになれるということです。

こう言うと、「自分にとっての愛読書を少し見つけて、それらを何度もじっくり読んだほうがよいのでは？」と反論される方がいらっしゃるかもしれません。

しかし、本書では「累積効果」ということを重視します。わたしのよく利用する書店では、一カ月に書店に新たに並べられるビジネス書の新刊は五〇〇冊にもなるといいます。

もちろん、それ以前に出された膨大な既刊書もあります。これらすべてを追いかけるのは不可能ですが、同じテーマについて複数冊の本を読んだり、常に新しい本から情報を得ることで、いろいろな著者の考え方が把握できるようになります。こうした中から、自分に合ったものを選び出していく、といったところにも多読のメリットはあります。

また、本書の特徴としては、「多読＝投資」として、株や不動産といった他の投資活動と同じように、読書も戦略を持って実践すれば、リターンを得られるノウハウであると見なしています。

読み方だけでなく、「投資物件」であるビジネス書の効率的な探し方と買い方、新聞・雑誌の書評やインターネットの活用法、また、読書後のフォローとそれらから利益を生み出すまでの活用法まで、わたしが日々実践している方法を紹介しています。

このように考えると、今読んだ本の内容がすぐに身につかなくとも、その内容の蓄積は、あなたのパーソナルキャピタルの含み資産となるのです。そして、徐々に自由になる時間が増えてきて、最終的には一〇〇倍のリターンを得られるようになり、「金融資産」の増加につながっていきます。

第1章では、「ビジネス書の多読とは何か？」というテーマで、「速読」との違いなどにも触れながら、多読のメリット、投資手段として、そして、ビジネスで成功するための読書についての考え方などを紹介します。

第2章「本探しは投資物件選び」から多読の実践法を説明します。まず、本の探し方についてお話しします。多読といっても、むやみにいろんな本に手を出してハズレ本ばかりを無駄に読むことは避けるべきです。なるべく良書に多く出逢い、ビジネスに生かす必要があります。本書は、「読書＝投資」として話を進めますので、これは投資物件探し、スクリーニングのノウハウといってもいいでしょう。そして、一般書店とインターネット書店、それぞれの特徴に合った戦略的活用法について説明します。

後半では、読み方とその後のフォローについて説明します。第3章「一日一冊、ビジネス書を戦略的に読破する」では、多読を実践するための環境作り、「八〇対二〇の法則」を活用した重要なポイントをピックアップする効率的で、訓練不要の読書法を紹介します。第4章「読んだままで終わらせるな！」では、読みっぱなしにせず、読書後のフォローとして、ビジネスに活用するための究極の本である「レバレッジメモ」の作り方と、このメモをすき間時間に反復することにより、条件反射的に行動ができるように身につける方法、それから、どのように実践に結びつけていくかについて説明していきます。また、各章末には「まとめ」をつけましたので、後ほど内容を振り返るお役に立ててもらえたらと思います。

お断りしておきますが、この本は、読書家のための本ではありません。今までの「読書の常識」を否定するような方法も紹介しますが、ビジネスで成功したい人のための本です。実際に、私の周りでも成功しているビジネスパーソンはすでに同じような読み方や応用・実践の仕方を部分的にしている方々がかなり多くいます。しかし、本書は私なりの経験や試行錯誤をふまえて、体系化・システム化し、より少ない労力で「一〇〇倍のリターンを得る」ための投資方法を書いたものです。このことを念頭に置いたうえで、本書のページをめくっていってください。

目標は一日一冊で年間四〇〇冊弱ですが、まずは週に一冊ずつからでも、少しずつ、できる範囲で実践してみていただけたらと思います。そして、この本を手に取ってくださった方がより多くのリターンを得るための何らかのヒントを見つけていただければ、筆者としてこんなに嬉しいことはありません。

本田直之

レバレッジコンサルティング株式会社　代表取締役兼CEO

レバレッジ・リーディング　目次

第2章

本探しは投資物件選び

――ビジネス書の効率的スクリーニング術

第3章

一日一冊、ビジネス書を戦略的に読破する

――訓練不要であなたの読み方が劇的に変わる

第4章

読んだままで終わらせるな！

――反復と実践によって一〇〇倍のリターンを獲得せよ

編集協力：長山清子
カバーデザイン：渡邉民人（タイプフェイス）
本文レイアウト・DTP：松好那名（タイプフェイス）
写真撮影：尾形文繁
取材協力：青山ブックセンター本店
アマゾンジャパン株式会社
ブックファースト渋谷店

第1章

Leverage Reading

ビジネス書の多読とは何か？

100倍のリターンをもたらす
究極の読書術

常に時間はたっぷりある、
うまく使いさえすれば。
——————————————ゲーテ

誰かが素晴らしい成功を
収めたということは、
他の人にも同じことが
できるという証明である。
————————エイブラハム・リンカーン

一五〇〇円が一五万円になる!

わたしは年間で約四〇〇冊の本を読みます。読むのはいわゆる「ビジネス書」が中心です。最低でも一日一冊、多いときは三~四冊は必ず読むようにしています。なぜこんなに読むかというと、**読書を単なる読書ではなく、経済的行為、つまり投資活動として捉えているからです。**

たいていの書店の一角には、ビジネス書のコーナーがあります。大きな書店ならば、「経営」「営業」「マーケティング」「ファイナンス」「起業」「自己啓発」「株式・不動産投資」「経営者の書いた本」など、カテゴリー別に整理されています。そこに並べてある本は、だいたい一冊一二〇〇~一八〇〇円くらいです。平均して一冊あたり一五〇〇円だとしましょう。

この一五〇〇円を高いと見るか、安いと思うか。

わたしは非常に安いと思います。なぜなら、この一五〇〇円が将来何倍にもなって返ってくるからです。わたし自身の経験や、周囲の事業で成功している人たちの実績から見積もってみると、およそ一〇〇倍というところです。

ということは、**一五〇〇円の本一冊から得た知識は、一〇〇倍のレバレッジが効いて、およそ一五万円の利益を生むのです。**つまり、次のような計算式が成り立ちます。

一五〇〇円×一〇〇＝一五〇〇〇〇円

もちろん、ただふつうに読んだだけでは一〇〇倍になりません。**本を読んで得た知識をビジネスに生かすことが絶対条件です。**

もっとも、最初から一〇〇倍とはいかないと思います。しかし、多く読むことを続けることで、累積効果によりだんだんリターンが増えてきます。後ほど詳しく説明しますが、最終的には一〇〇倍になるのです。

それにしても、こんなに割のいい投資は、ちょっと他に見当たらないと思いませんか。**読書こそ、最強の投資であると断言するゆえんです。**

ビジネススクールで発見した「多読術」

こう言うと、さぞやわたしのことを本好きな人間だと思うかもしれません。ところがわたしは、もともと読書の習慣などまったくありませんでした。

小学校の夏休みの宿題に「課題図書」を押しつけられ、読書感想文を書かされるのがイヤでたまらず、例年、夏休みの最終日に「まえがき」「あとがき」といったところだけ読んであたりさわりのないことを書いて、お茶を濁していたものです。学生時代はほとんど読書らしい読書をした記憶はありませんし、今も小説などはほとんど読みません。

そんなわたしが「多読術」を編み出して実践するようになったのは、本を読まざるをえない環境に追い込まれたからです。

わたしは大学卒業後、外資系企業に三年勤めてから、ＭＢＡ（経営学修士）を取得しようと一念発起し、アメリカ国際経営大学院サンダーバード校というビジネススクールに留学しました。

そこで驚いたのが、出される課題のハードなことでした。経営を学ぶにあたり、ケーススタディといって、過去のビジネスの事例を参考にするのですが、そのためには関連する書籍や資料を読まなければなりません。枕代わりになるような分厚い本を渡され、「明日までに○○章と××章を全部読んでこい」と言われます。当たり前ですが、英語で書かれた本です。

さあ、困りました。ケーススタディはそもそも答えがないものですが、「利益率を上げるにはどうすればよいか？」「マーケットシェアをさらにアップさせるには？」などのテーマについてグループでディスカッションして考えることになっています。

もし課題をやっていかなかったら、授業の最初から最後まで一言も自分の意見を述べられずに終わってしまいます。ビジネススクールでは授業中に自分から積極的に発言する姿勢でないと、誰からも相手にされなくなってしまいますし、単位はもらえません。机に座ってさえいれば、黙っていても卒業できる日本の大学とは根本的に違うのです。

途方に暮れて泣きたくなりましたが、時間は刻々と過ぎていきます。わからない単語が出てくるたびにいちいち辞書を引いていたら、一晩どころか、一週間かけても読み終わらないことは明らかです。

しかし、「なぜその本を読むのか？」という目的は、はっきりしています。ケースに登場する会社の抱える問題を解決し、成功に導くための方策を考えるためです。そこで、「経営課題を解決するために知っておくべき要素」だけを頭に入れるつもりで、重要な部分だけを読むことにしました。ましてや、わからない単語を無視して読んでいるわけですから、相当飛ばしていたわけです。しかし不思議なことに、斜め読みにもかかわらず、思いのほか、きちんと意味がつかめるのです。翌日の授業についていくことも、十分にできました。

後日、なぜこんなことができたのか、という理由を考えてみました。それはおそらく、**「問題解決のヒントを探す」というはっきりした目的意識があったので、余計なところを読まずにすみ、ポイントを拾うのが速くなったからです。**

このとき、わたしは生まれてはじめて、「本って、なにも全部読まなくてもいいんだ」ということを発見したのです。このことは「本は最初から最後まできちんと読むものである」と思い込んでいたわたしにとっては、かなりの衝撃でした。

常に目的意識を持って、いらないところは切り捨てる読み方をすると、一冊の本を短期間で読み終えることができるので、どんどん本が読めます。必要な情報だけが入ってくるし、次々に新しい有益な本を読むことができます。つまり、情報の取捨選択能力がアップしたわけです。

わたしはビジネススクールで学んだ二年間にわたってこの読み方を続けました。このときの経験が、「多読術」の基礎となりました。そして帰国後、日本でビジネスを始めてからも、同じことを続けました。つまり、ビジネススクールで取り上げるケーススタディは、実社会で起こることとそれほどかけ離れているわけではありません。

「実際の経営課題を解決するにはどうすればいいか?」

「自分の目標を達成するためにはどうすべきか?」

という視点で、ビジネス書を読みあさったのです。そこで得たノウハウを実践に生かしているうちに、効率の悪い読み方や実用的でない読書法は淘汰されていきました。生き残った「使える」ノウハウだけが、現在の「多読術（レバレッジ・リーディング）」になったというわけです。

以下では、わたしが時間とお金をかけて培った多読のノウハウを公開します。それは、言ってみれば一五〇〇円の本の価値を一〇〇倍の一五万円にする方法そのものであると言えるでしょう。

他人の経験を疑似体験する割安な方法

わたしはあまり小説を読みませんが、よくできた小説を読むと、まるで自分が物語の主人公と同じ経験をしているような感覚を味わうことができます。同じように、さまざまな著者の経験が綴られているビジネス書を読むことも、その追体験をすることだと言えます。

『一冊の手帳で夢は必ずかなう』（熊谷正寿著、かんき出版）という本があります。ベストセラーとなった本なので、読んだ方も多いでしょう。

著者の熊谷正寿さんは、東証一部上場のインターネットベンチャー企業GMOインターネットの社長として活躍中の方です。この本には、次のようなエピソードが出てきます。

熊谷さんが、お父さんと温泉に行ったときのこと。若き日の熊谷さんがお父さんの背中を流していると、お父さんがいきなり熊谷さんに、

「動物と人間の違いがわかるか？」

と尋ねました。そして答えを待たずに、こう言ったそうです。

「人間は書物を通じて、人の一生を数時間で疑似体験できる。だから、本を読め。生涯、勉強し続けなさい」

熊谷さんはそれ以来、がむしゃらに本を読み、結果として、現在の成功を収めたと言います。

ビジネス書には世界的な経営者や、さまざまなビジネスで成功した人のノウハウが詰まっています。熊谷さんのお父さんの言われるとおり、**汗水たらし、血のにじむような努力をした他の人の数十年分の試行錯誤の軌跡が、ほんの数時間で理解できるよう、本の中には情報が整理されているのです。**

もしも、この成功者たちが本を書いていないとしたら、どうでしょう。成功のノウハウを教えてもらいたかったら、その人にアポイントをとり、時間を割いてもらい、話を聞くしかありません。少し考えればわかりますが、それは大変な時間と労力がかかるうえに、

実現するかどうかもわからないことです。

まず、先方が見ず知らずの人間に会ってくれるかどうかという問題があります。また、成功者は多忙ですから、仮に会ってくれたとしても、何カ月も先になるかもしれません。相手が外国人だったり、遠方に住んでいたりすれば、直接会うのはますます難しいでしょう。会えることになっても、交通費や宿泊費がかかります。

幸いにも、念願かなって面会してくれたところで、時間は限られています。あなたの知りたいノウハウを順序立てて話してくれるとは限りません。さらにノウハウを話してくれても、その内容を記録し、本のようにいつでも読み返せるような文章にまとめるのは大変なことです。

これらの問題を解決するだけの時間やお金、そして情熱があなたにあるでしょうか。それに比べれば、**他人の経験や知恵が詰まった本というのは、とんでもなく安価で、割安なものだ**ということがわかってもらえるでしょう。もちろん、成功者から直接話を聞くことは、とても貴重なことで、読書とは別にやるべき重要なことなのは言うまでもありません。

レバレッジ・リーディングとは何か？

　ところで、わたしの会社の名前は「レバレッジコンサルティング」と言います。

　レバレッジ（leverage）とは、聞き慣れない言葉かもしれませんが、英語で「てこ」の働きのことを指しています。かつて理科の時間に習った「てこの原理」のてこです。

「てこ」を使うと、少しの力を加えただけなのに、重いものを軽々と持ち上げることができます。古代ギリシャの数学者アルキメデスは、「わたしに支点を与えよ。そうすれば、地球を動かしてみせよう」と言ったそうです。つまり、宇宙空間に足場を組んでそこにアルキメデスが立ち、てこで地球を持ち上げようとすれば（もちろんそんなことは不可能ですが）、アルキメデス一人でも地球すら動かせるほどの大きな力になるというたとえです。

　この「てこ」の力を、物理的な現象だけでなく、現実のビジネスにも用いることができたとしたらどうでしょう。

「こんなに努力しているのに、ちっとも結果が出ないのはなぜだろう？」

「忙しいばかりで、どうして儲からないのだろう？」

と思ったことはありませんか。

かたや、たいしたことはしていないように見えるのに、常に余裕があり、しかも結果を出している人がいます。同じ努力をしているのに、一〇のリターンしか得られない人もいれば、一〇〇のリターンを得る人もいる。

これはいったいどこが違うかと言えば、**「レバレッジ」を意識しているかどうかの差**です。てこを使えば、重い岩もらくらく持ち上がります。**レバレッジをかければ、少ない労力で、大きな結果を出すことができます。**

それでは、ビジネスにおいてレバレッジをかけるには、どうすればいいのでしょう。その答えは、**本を読んで、そこに書かれているノウハウを自分流に応用し、実践で活用すること**です。

おそらく本物の天才は、本を読まなくてもやっていけると思います。誰か他の人の経験や考え方を参考にしなくても、おのずと内側からわき上がるものがあるからです。

たとえば、福岡ソフトバンクホークス監督の王貞治さんは、現役時代に通算八六八号というホームラン本数で世界一の記録を達成しました。王さんは昼夜を問わず部屋の中でバッティングの素振りをやりすぎて、畳がすり切れたというほどの努力家ですが、やはり天才と言ってよいと思います。まったくのゼロから超人的な努力を重ねて、あのユニークな一本足打法を生み出したからです。

しかし、こういうことができるのはほんの一握りの天才だけです。ごくふつうの人間が、王さんのように血のにじむような努力をした結果、何か独自のものを生み出せるかと言えば、その可能性は非常に低いと言わざるをえません。それよりは一本足打法の理論を勉強し、それをベースにして自分なりのアレンジを加えた、その確実な方法をベースに努力をしたほうが、結果を出せるスピードも確率もはるかに高くなるでしょう。

一般的に言って、ゼロから何かを生み出そうとすれば、大きな犠牲を払わなければならないうえに、とてつもなく長い時間がかかります。しかも成功する保証はどこにもない。せっかくの努力が、徒労に終わるかもしれません。

わたしを含めた九九%の人間は、誰か成功した人のやり方を学んで、そこに自分なりの応用を加えるのが、成功への近道だと思います。**試行錯誤に時間や労力を使うのではなく、結果を出すために時間や労力を使うことができるようになるからです。**

ウォルマートの創業者のサム・ウォルトンでさえ「わたしのしてきたことは、ほとんどが誰かのまねだ」と言っているのです。

前人未踏の山道を切り開くより、すでに誰かが通った道があるなら、そちらを歩いたほうが早く山頂にたどり着けるのは、言うまでもありません。歩くよりも自転車で回ったほうがもっとプロセスを短縮化することができます。

しかし、本を読むという習慣がなければ、たとえすぐそばに近道があったとしても、それに気がつくこともありません。延々と一人で汗水たらし、枝を払ったり土を掘ったりするしかない。そのうちに日が暮れてしまい、気力も体力も使い果たし、あきらめざるをえなくなるでしょう。がむしゃらに突き進むよりも、近道があるならば、そちらを通ったほうがいいに決まっています。そうすれば体力があるうちに目的地に着き、そこで本当に自分のやりたいことに全力を尽くすことができるでしょう。

ビジネス書にはその人が何年、何十年という時間をかけて成功するまでのプロセスが書かれたものがたくさんあります。もちろん成功といっても、その内容や規模はさまざまです。大企業の経営が成功するまでを書いた本もある一方で、こんなふうにしたら売上が上がったとか、経営がうまくいくようになったとか、個人的な成功のプロセスを書いた本もあります。同じ業界や似たような仕事で成功した人がいるなら、その人の経験や知恵から学ぶのが一番てっとり早い。経験を学ぶには、本を読むことなのです。

その成功経験の中から使えそうなノウハウを抽出して自分なりの工夫を加えて当てはめて実行していけば、試行錯誤に時間を費やすことなく早く成功にたどり着ける確率が高くなります。もしそのやり方に効果がなかったり、自分に合わなかったりしたら、さっさと次のやり方に切り替えればいい。

つまり、**自分の「やる気」に他人の知恵や経験というレバレッジをかければ、何十倍、いや何百倍もの結果を出すことができる**というわけです。

また、成功だけでなく、失敗からも学ぶことは多いものです。自分よりちょっと前を歩いた人の話は、教訓の宝庫です。その意味でも、わたしは実務経験のない偉い先生が理論だけで書いた教科書のような本は、あまり買うことはありません。できるだけ実務家が自分の経験を書いた本を読むようにしています。

事実、わたしはそうやって仕事をしてきました。ただし、一冊や二冊を読んだだけでは足りません。できるだけたくさんの本を効率よく読むこと、すなわち、多くの人の成功のプロセスを吸収することが必要です。**これにより累積効果が出て、「パーソナルキャピタル（自分資産）」の言わば「含み資産」がどんどん増えていき、条件反射的に実践で必ず活用できるようになるのです。**この発想から、わたしの「多読術＝レバレッジ・リーディング」は生まれたのです。

ビジネスパーソンの読書は、スポーツ選手にとっての練習だ

本を読むことの効用は、それだけではありません。実際のビジネスがスポーツ選手にと

っての試合だとしたら、ビジネスパーソンが本を読むことは、スポーツ選手にとっての練習にあたります。**つまり、本を読まないビジネスパーソンは、練習しないでいきなり試合に臨むスポーツ選手のようなものです。**

一流のスポーツ選手ほど、日々のトレーニングを欠かしません。練習で身につけたスキルを実戦で用いることで、さらにレベルアップを図るという繰り返しです。

ビジネスの現場でも同じことが言えます。優秀な人ほど、本を読んで得た知識を実際のビジネスの現場で使ってみようとします。**練習すればするほど上達するように、読めば読むほど、実践に使えるベースが貯まっていきます。この累積効果により、レベルアップして、仕事ができるようになります。**だからこそ、たくさんの本を読むことが必要なのです。

本当に成功している経営者は、みな読書家です。現役のスポーツ選手が練習をし続けるように、現役のビジネスパーソンである限り、読書の習慣を持ち続けています。「本を読まずに経営するなんて、信じられない」というのは、ユニクロを展開するファーストリテイリング代表取締役会長兼社長の柳井正さんの言葉です。

松下幸之助やドラッカーの愛読者であるという柳井さんの本の読み方は、まず「目次」や「あとがき」を読んで自分にとって役に立つかどうかを判断し、読むと決めたら役立つところをメモするというものだそうです。これはレバレッジ・リーディングとも共通するところの多い読み方です。

練習しない一流のプロスポーツ選手が存在しないように、読書をしない一流のビジネスパーソンもまた存在しないのです。

読書の「常識」を捨てよ

一般的に読書と言うと、「自分は何もしないで著者の意見を一方的に聞くだけの受け身な行為である」というような印象があるかもしれません。しかし、本書で提唱するレバレッジ・リーディングというコンセプトは、これら従来の読書のイメージとはまったく違うものです。言うなれば戦略的で、能動的な行為です。目的をはっきり持って読むべき本を峻別し、役に立たない部分はどんどん捨てていくことも必要です。

今までの読書に対する習慣や固定観念は捨ててください。この本は読書家のための本ではありません。教養のための読書や、単に速く読むための方法論を紹介した本とも違います。**「ビジネスで成功したい」という目的をはっきりと持った人のための本なのです。**

読書がただの情報収集やお勉強ではなく、一〇〇倍のリターンをもたらす投資活動になるかどうかは、まず、いかに今までの読書に対する常識を捨てられるかにかかっています。

たとえば、「本を汚してはいけない」という意見があります。多読術では、本に印を付けたり、線を引いたり、書き込みをしたり、ページを折ったりするのは当たり前です。また「斜め読みは読んだうちに入らない」とか、「最初から最後まで一字一句漏らさず読むのが本当の読書だ」という意見もあります。しかし多読術ではたとえお金を払って買った本でも、一冊の本を丸ごと読んだりしません。役に立たない本は、さっさと読むのをやめます。半端でない量の本を買いますし、読んでいてチェックするところが少ないようなダメ本はどんどん捨てます。

さらに自分のペースでゆっくり読むわけではありません。読む前に「この本はこれくらいの時間で読み終わるぞ」という制限時間を設けます。基本的には一冊につき一時間というようにしています。

そして、一度読んだら終わりではありません。その本のエッセンスを抽出できるような工夫をして、実践へと移していきます。

どれも常識的な読書とは、かなり違うのではないでしょうか。なぜこのような非常識なスタイルをとるのかは、おいおい説明していきますが、読書ではなく投資活動である以上、どれも納得できる理由があってのことだと念頭に置いてください。

「速読」より「多読」

「一分間に何万字もの速さで本が読める」という「速読」は何十年もの間、姿や形こそ変わりはすれ、根強い人気を集めています。

わたしも興味を持って、速読の本をいろいろと読んでみました。そのうえで言うのですが、レバレッジをかけるのが目的なら、速く読むことよりも、むしろ自分にとって重要なポイントのみをつかみ、内容を理解して実行することのほうが重要だと思います。

『人生が変わる「朝5分」速読勉強法』（講談社プラスアルファ文庫）の著者、高島徹治さんは、速読についての本を何冊も読んだうえで、次のような結論に達しています。

「（速読ができるようになっても）それまでとまったく同じ読み方（味わい、記憶にとどめる読み方）ができるというだけだ。言外の意味は、それまで専門書を読んでも理解できなかった人は、速読によって理解できるようになるわけではない。ただ、理解できないままに、速く読めるだけだ」

まさにそのとおりかもしれません。速読では読むスピードを重視します。スポーツ選手がタイムを競うように、「一分間で何万字読めた」とか、「毎分何万字をめざしてトレーニングする」など、スピードを測ったりしているようです。

しかし、わたしは単に速く読み終わっても、あまり意味はないのではないかと考えています。それよりは、重要なポイントを押さえ、本を読んだ後で「その内容をどう生かすか」のほうが大事なのではないでしょうか。

これは速読に限らず、一般的な読書についても同じことです。大事なことは、本を読んで得た知識で何をするかです。たくさん本を読むことを奨励するにあたって、こんなことを言うのはなんですが、実は本を何冊も読んでいるからといって、偉くもなんともありません。**インプットするだけでは、ただの自己満足にすぎません。いかにアウトプットするかが勝負なのです。**繰り返しますが、多読は投資活動です。つまり、読んだ内容を仕事に生かすこと、投資の結果を出すのが最終目的です。そのために、わたしは年間一〇〇万円弱の本代をかけているのです。二十代でまだ手取りの収入が少ないときは収入の一〇%を本代にかけるように心がけていました。

速読が目の動かし方を訓練したりして、すべてを速く読んでみせるという技術なら、多読は、無駄な部分を切り捨てる技術と言えます。情報の取捨選択能力を高め、必要な箇所

▶**本・雑誌の購入金額**（1カ月平均、オンライン書店含む）

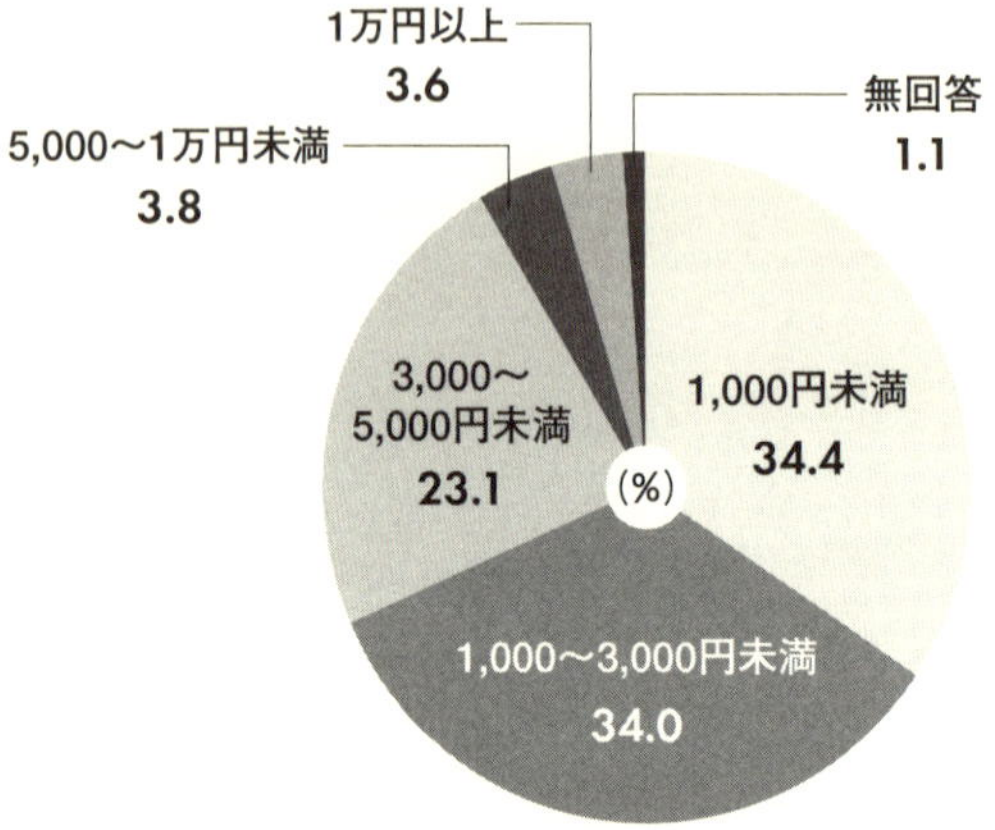

（出所）『日経流通新聞』
2004年2月24日。

以外を読まないことで、読書時間が短縮できます。最終的には他人の経験にレバレッジをかけて、実践に役立つノウハウとし、自分のものにするのがねらいです。

これは誰にでもできる、簡単な読書法です。マスターするのに特別な技術は一切ありません。読んだ本の数を競うため、むりやりに量を増やす読書法とは、目的が根本的に違います。

わたしは決して速読を否定するつもりはありません。速く読めるにこしたことはないですし、速く読むことが目的の場合には、その技術を存分に活用すべきだと思います。しかし、レバレッジ・リーディングのほうが、読んだ後のことまで視野に入れた読書法ではないかと思います。

読書でその他大勢より突出せよ

わたし自身がまったく本を読まない人間だったので、あまり偉そうなことは言えないのですが、近頃電車の中で携帯電話でメールやウェブを見ている人がとても増えたのに対し、本を読む人を見かけなくなったような気がします。それを裏づけるかのように、右の図に示すようなデータがあります。

この調査によると、日本人が本や雑誌にかけるお金は、一カ月に五〇〇〇円未満という人が九割にのぼります。

わたしも二〇代半ばまで、本嫌いな人間だったので、その気持ちはわからないでもありません。働き始めてからは特に、「本を読む時間がない」と思っていました。「読書＝投資」などという考え方もなかったので、「本を買うお金なんかない」と思い込んでいました。しかし、よくお酒を飲みには行っていたのですから、今にして思えばもったいないことをしていたのかもしれません。

このデータをもっと詳しく見てみると、次のようになっています。

一〇〇〇円未満……………………………三四・四％
一〇〇〇円～三〇〇〇円未満…………三四・〇％
三〇〇〇円～五〇〇〇円未満…………二三・一％

なんと一〇〇〇円未満の人が最も大きな割合を占めています。一〇〇〇円未満ということは、一五〇〇円くらいするビジネス書は、一冊も購入していないことになります。

もっともこのデータは二年前のものなので、景気が回復傾向にある現在は、もう少し違う結果になるかもしれません。しかし景気が良かろうと悪かろうと、本代はケチらずに使うべきです。たとえ衣食住にかけるお金を多少削ってでも、本代をかけるべきだとわたしは思っています。

なぜなら、読書は究極の格安な自己投資だからです。投資である以上、元手をケチると、リターンもたいした額にならないのは当たり前です。

みんなが本を読まないということは、逆に本を読むだけでその他大勢から突出できるということでもあります。大きなチャンスではありませんか。基本的に人間のレベルにそれほど大差はありません。ただ、やるか、やらないかの違いだと思います。

本は最高の投資対象だ

「大成する人というのは、その時点の収入額にかかわらず、人生全体を視野に入れたうえで、人生での総収入を増やすためのお金の使い方をしている」

これは、安田佳生さんの『千円札は拾うな。』（サンマーク出版）での言葉です。

わたしはお金を使うにあたっては、本ほど素晴らしい投資対象はないと思っています。読書は最高の自己投資だからです。

「どんな投資より確実な投資は自己投資である」

というのは、それこそいろいろなビジネス書に書いてある「常識」です。

株式に投資した場合を考えてみましょう。

たとえどんな優良企業の株を買おうと、この先絶対に値上がりする一方などということはありえません。さらには倒産や上場廃止などによって、価値がゼロになってしまう可能性もあります。ましてや信用取引などしている場合は、マイナスになる可能性もあります。

しかし自分に投資した場合は、あえて自分が損をしようとしない限り（そんなバカなことをわざわざする人はいないと思いますが)、常にプラスになるからです。

本章の冒頭でも言いましたが、読書をすることによって、どれだけリターンが見込めるかというと、どんな本を読むかにもよりますが、だいたい定価の約一〇〇倍になって返ってくるのではないでしょうか。

一〇〇倍というと、「まさか?」と思う人もいるかもしれません。しかし、わたし自身の経験や、周囲の成功している経営者を見ていると(成功する経営者は必ず本を読んでいます)、生み出す利益は少なく見積もっても本代の一〇〇倍を超えているのです。一〇〇倍ということは、一五〇〇円の本を買い、その内容を実行したら、一五万円は稼げるということです。一〇〇冊読めば一五〇〇万円。それを一〇年続ければ一億五〇〇〇万円です。

もちろん中には、定価分の価値もない本もありますし、どんなに良い本でも、そこから学んだことを自分が実行しなければ、何にもなりません。

しかし、本当に良い本から得た知識を仕事に使えば、一冊あたり一五万円どころか、一五〇万円、一五〇〇万円を稼ぐことも可能です。それを考えれば、読書がいかに割安で、しかも確実な投資かわかるでしょう。

自分に投資するのは一番確実な投資です。わたしもMBAを取るためにアメリカに私費で留学していたころは、生活費を切り詰めていました。留学費用が全部で一〇〇〇万円ほどかかるため、一日あたり三ドルしか使えない日々が長く続きました。三ドルといえば、マクドナルドにも行けません。大きくて安いパンを買ってきて、それをかじって我慢していました。しかし、将来必ず大きな実を結ぶ自己投資だと思ったから耐えられました。

将来大きなリターンが欲しいなら、自分に投資しておくべきです。株なら暴落することもあります。しかし読書なら、たいていは何かしら得るものがあるはずです。勝ち負けで言えば、勝つほうが圧倒的に多いという珍しい賭けなのです。もちろん「読んで損した、時間の無駄だった」と思うような本も中にはあります。しかし経験を積むうちに、そういう本に引っかからずに済むようになります（その具体的な方法については後述します）。つまり、どんどん勝率が上がってくるのです。

また、株やベンチャー企業への投資は、結果が出るまでにある程度の時間がかかります。しかし、本は読んだその日から役に立ちます。「本を買うお金がない」とか「本代がもったいない」という人は、ここまで突き詰めて考えたことはないのではないでしょうか。

本は自腹を切って購入せよ

バブルのころは、会社が経費で仕事に関する書籍や雑誌を買ってくれることがよくありました。しかし、バブルがはじけると同時に、企業は少しでも経費を節減する方向に向かい、ビジネス書の売れ行きも下がってきたと言います。

しかし、ビジネス書は自腹を切って買うのが、本来の買い方ではないかとわたしは思います。なぜなら、会社のお金で買った本は、書き込みをするのもためらわれるし、借り物という意識がまとわりついて、せっかく読んだことが頭に入らないからです。

また、身銭を切るからこそ、「元を取ってやろう」とか、さらには「一〇〇倍のリターンを得てやろう」という意識が働き、真剣に読むからです。自分の懐から出たお金で買った本と、あてがわれた本とでは、脳へのしみ込み方が違います。同じ理由で、図書館から借りて読むのも、おすすめしません。

また、レバレッジ・リーディングでは、本に線を引いたり、書き込みをしたりして、一冊の本がボロボロになるまで徹底的に使い倒します。そのためにも、本は人から借りるのではなく、「お金を出して自分のものにする」ことが前提条件です。

わたしは今、一カ月で七～八万円ほど、本代に使っています。一年間でちょうど一〇〇万円くらいになります。こう言うと、みんなびっくりしますが、わたしは惜しいと思いません。むしろ、「たった一〇〇万円か」と思います。

なぜなら、わたしはその一〇〇倍のリターンを得ることができているからです。それを思えば、本代など安いものです。こんなに高利回りの投資は他にありません。もっとも、ただ読み流すだけでは、一〇〇倍にはなりません。本を読んで知ったことを、実際のビジネスに結びつけることが条件です。一五〇〇円の本から一五万円を稼ぎ出すには、必ずそれをビジネスに生かすことが必要です。

読書だと思うとイヤになってしまいますが、一冊読むごとに一五万円儲かると思えば、やる気になるはずです。もしも、「実際に本を買って読んだのに、全然役に立たなかった」という人がいたとしたら、それは読書法に何か改善すべき点があるのではないでしょうか。たとえば、本の選び方がよくないとか、読書後のフォローをきちんとしないために内容をすぐ忘れてしまうとか、必ずどこかに原因があります。それを突き止めて改善すれば、本に投資したお金は必ず一〇〇倍になって返ってきます。

将来一〇〇倍になって返ってくることを思えば、本代は本当に価値のあるお金です。よく「宝くじは買わないと当たらない」と言います。投資もそれと同じです。先にお金を出さない限り、何倍にもなって返ってくることは絶対にありません。しかも、宝くじはめったに当たらないのに比べて、多読は確実に自分の身につき、一〇〇倍になって返ってきます。どんなに景気が悪くなろうと、デフレになろうと、その価値が目減りすることはありません。

よく「生き金」「死に金」という言い方をします。ギャンブルにつぎ込むお金が「死に金」だとしたら、困った人を助けるためのお金は「生き金」、というように。お金はどんなことにでも使えるからこそ、生きた使い方をしたほうがいい。本に出すお金は、「生き金」の最たるものでしょう。

その他、道具は何もいりません。用意するのは本とペンやマーカーなどの筆記具のみ。筆記具も色のついたものでなくてかまいません。そのへんに転がっている筆記具でいいのです。鉛筆や黒のボールペンでも、本に書き込んでみると意外と目立ちます。

厳密に言えば、インターネット書店で本を注文するためのパソコンや本棚など、あると便利なものもあります。しかし、今どきインターネット環境はどこにでもあるでしょうし、本棚にしても、どうしても必要というわけではありません。新たな設備投資は不要です。

まずは週一冊程度を目標に、気軽にできる範囲から本を読む習慣をつけてください。多読はどんな人にでも必ずできます。どうかこの本を参考にして、投資としての多読術を身につけてほしいと思います。

成功する人は読書をする

留学先のアメリカで発見したことですが、アメリカではビジネスパーソンが実によく本を読んでいます。それは、「読書＝自己投資」という考え方が徹底して行き渡っているからです。つまり、本を読むことが収入に直結しているのです。

なぜなら、ビジネスの競争に勝つには、常に新しい考え方や情報を取り入れる必要があるからです。刻々と変化する世の中の動きに対応しなければ、流れに取り残されてしまいます。そのためには、新聞や雑誌だけでは不十分なのです。新聞や雑誌は速報性に優れていますが、情報が断片的です。また、インターネットの情報はほとんどが無料ですが、匿名での発言も可能ですし、情報の信頼性という点では注意が必要なものもあります。

インターネットは誰でも簡単に情報を発信できますが、しっかりした出版社の本は、誰でも出せるというわけではありません。売れる内容かどうか、書き手は確かな人物なのかを厳しく精査されますし、誤字脱字から内容の真偽についてまで、編集者や校閲者が細部にわたるまでチェックし、さらに文章を読みやすく直してあります。ある物事について深い知識を得ようと思ったら、書籍に勝る情報源はありません。

成功する人は必ず本を読んでいます。優秀な経営者は、たいてい熱心な読書家でもあります。先ほども例に挙げたGMOインターネットの熊谷正寿さん、ファーストリテイリングの柳井正さん、ワタミの渡邉美樹さん、サイバーエージェントの藤田晋さんは、読書家としても有名です。

ここに挙げた方以外でも、ひとかどの経営者なら、必ず月に十数冊のビジネス書に目を通しているはずです。ただ彼らは公言しないだけです。当たり前すぎて、あえて発表する気にもならないのかもしれません。

もちろん、**「一流の経営者になったから本を読む」のではありません。彼らは無名の時代から本を読んできたからこそ成功できたのであり、そして、現在も読書を続けることで、一流であり続けているのです。**

わたしはよく周囲の若手の社員や後輩などに、口を酸っぱくして「成功したかったら本を読め」と言います。それでも本当に読むのは、一〇〇人中一人か二人といったところでしょうか。しかし、その少数派の人たちを見ていると、間違いなく伸びていきます。

一方、読まない人に限って異口同音に、「読む時間がない」とか「忙しいから本は読めない」と言います。次に紹介する『日経ビジネス』の読書時間についてのアンケートによれば、回答者の七割強が「本を読む時間がない」と答えています。

▶読書にかける時間

Q1　読書の分量は以前と比べていかがですか

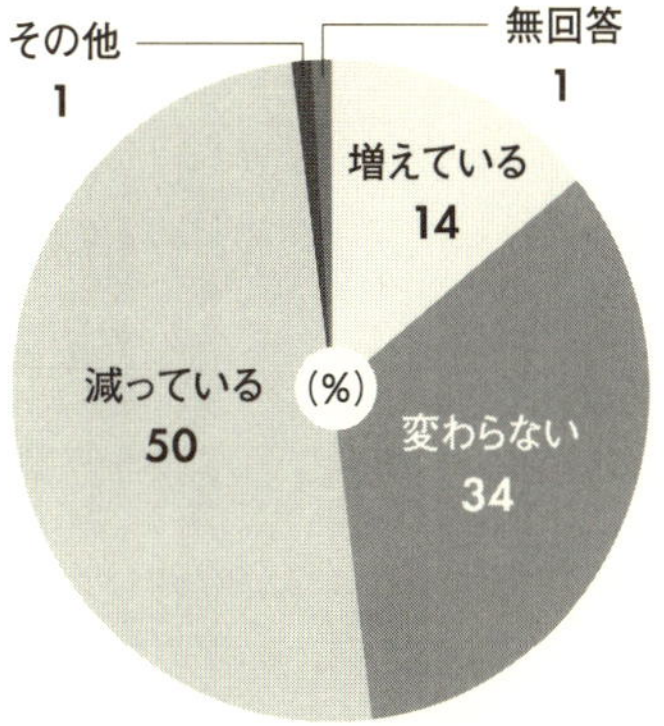

Q2　読書の分量が減っている理由は何ですか

（Q1で「減っている」と回答した方、複数回答）

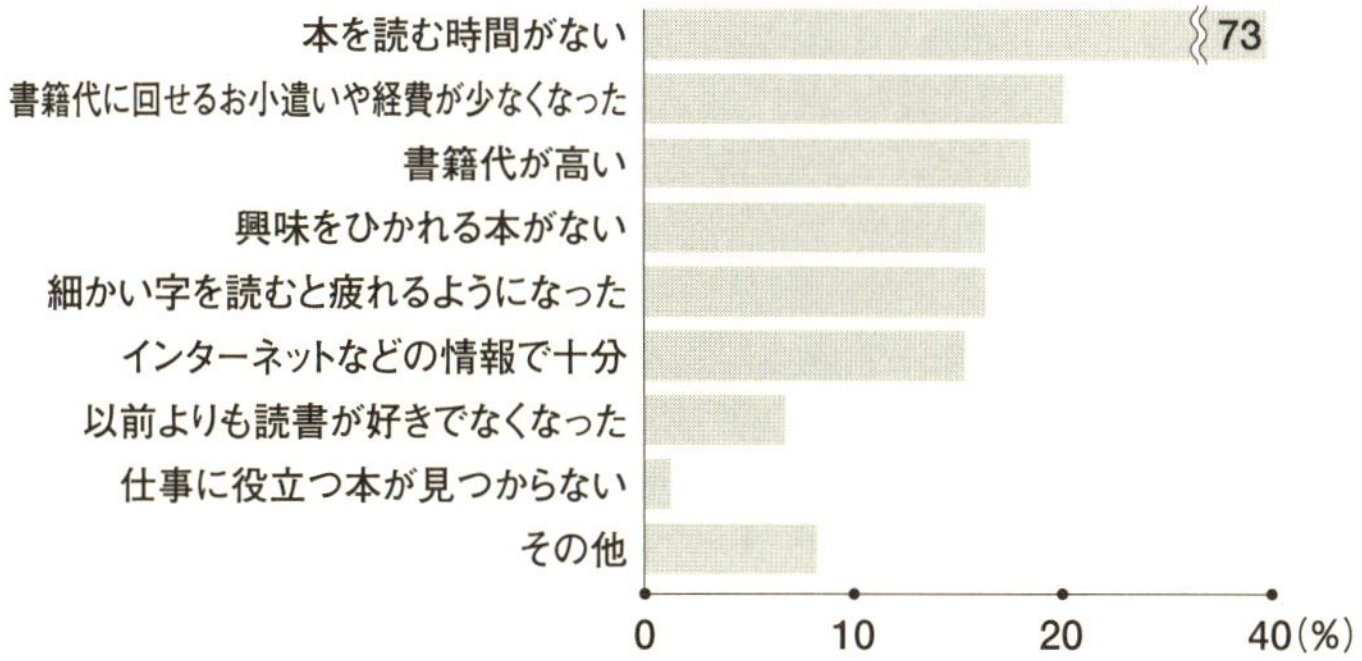

（調査概要）『日経ビジネスEXPRESS』会員10万人弱に「生涯忘れられない本」についてアンケートを実施。解答数159人。

（出所）『日経ビジネス』2004年8月9日・16日号、109ページ。

わたし自身、ビジネススクールでいやおうなしに資料を読まされたからこそ、短時間でも要領のいい読書は可能だと気づきましたが、もしあの体験がなければ、いまだに「時間がないから本は読めない」という言葉を言い訳にしていたことでしょう。

本当は本を読めば読むほど、時間が生まれます。本を読まないから、時間がないのです。なぜなら本を読まない人は、他人の経験や知恵から学ばないからです。何もかも独力でゼロから始めるので、時間がかかって仕方ないのです。本を読めば、そこに近道を行く方法が書いてあるというのに、本を開く時間を惜しんで、わざわざ遠回りをしている状態です。

むしろレバレッジ・リーディングを使えば、本を読む量が増えるにしたがって、時間にどんどん余裕が出てくるようになります。そして、より生産性のあること、戦略的なことや将来のことをじっくり考えることができ、さらなる飛躍をめざせるようになるのです。

読書で自分の中の「常識」を更新する

ここまで読まれたあなたは、ひょっとしたら、こう言われるかもしれません。

「本を読むことの重要性はわかった。ではなぜ、年間四〇〇冊以上も読み続けることが必要なのか？」

わたしも一時期、そんなふうに思っていました。

ある程度の量を読んだら、もういいのではないか。仕事の「基礎体力」とでもいうべきものが身についたら、あとはその貯金だけでやっていけるのではないか……。

しかし、世の中が変化し続けている以上、読書で身につけた知識も古びていく運命にあるということがすぐにわかりました。

なかには何年経っても変わらない普遍的な「原理原則」もあります。しかし、マーケティングやマネジメントの手法などは、次から次へと新しいものやより良いやり方が生まれます。ビジネスマナーですら、日々変化しています。だから、なるべくこまめに自分の中の「常識」を更新していかないと、世間の動きについていけません。しかし、多読をしていれば、それに遅れることはありません。それどころか世の中の動きがどうなるか、未来予測すらできるようになります。

意識して自分に新しい刺激を与え続けないと、自分のやり方に固執したり、視野が狭くなったりしてしまいます。特に年齢を重ね、ある程度成功体験を積むと、ますます自分のやり方にしがみつき、新しいものを受け入れない傾向が強くなるようです。人間はその時点で成長が止まってしまいます。柔軟な精神を維持し、新しい知識や考え方を吸収し続けるためにも、多読を習慣にすべきだと思います。

そして、誤解しないでほしいのは、たくさんの本を読み、いろいろな人の意見を参考にするからといって、決して他人の意見を鵜呑みにするわけではないということです。むしろ、一人の人間の言うことだけに耳を傾けて丸ごと信じてしまわないためにも、なるべくたくさんの本を読むのです。多読には、考えの偏りを防ぐ効果もあります。

多読はふつうの読み方と違い、すべてを読まず、必要なところ、自分にとって役に立つところだけを選び取る読み方です。つまり、非常に読み手の主体性を重んじる読み方です。常に目的意識を持って、「この本から何を吸収したいのか」を意識し続けます。ときには著者の考え方に疑いを持つこともあります。

ここが、ある特定の項目について一冊だけしか読まない一般の読書とは異なっています。**一冊のみを読んで、この著者の意見がすべてだと思い込んでしまう危険を避けるために、多読をするのです。**ちょうど医療の現場で、一人の医師だけの診断に頼るのではなく、二人目、三人目の診断を仰ぐというセカンドオピニオン、サードオピニオンのようなものとも言えるでしょう。

そして、最後の答えは自分で出します。わたしの経験では、同じテーマのものを五冊も読めば、その項目について自分なりの原理原則が見えてきます。大量の情報を取り入れつつ、主体的に取捨選択するということは、それだけ判断能力が養われることでもあります。

多読術を続けるうちに、主体的な思考力がつくことは間違いありません。

多く読めば多く稼げる

たくさんの本を読む理由はそれだけではありません。

多読は投資です。しかも、必ず結果がプラスになるという、世にも珍しい投資です。ということは、投資する金額を増やせば増やすほど儲かります。たくさん読めば読むほど、回収できる金額も多くなる。できるだけ多くの本を読んだほうが、得をするのです。

だからこそ、たくさんの本を読むのです。数をこなすと、それだけ良い考え方やノウハウに出逢う確率が高くなります。言ってみれば、リスクを減らし、累積効果により成功の確率を上げるための多読なのです。

行き先に何があるかはまったくわからないけれど、選べる道が一〇〇あったとします。ここでもし事前に本で知識をつけておけば、その中で成功に至る道が一〇しかないと知っているわけです。

もちろん、本は絶対の正解を教えてくれるわけではありません。しかし、本を読んでいれば、残りの九〇の道が行き止まりだとわかっているので、そちらに進んで無駄足を踏むことは避けられます。それだけ成功への近道を行けるわけです。

実際、わたしが多読を始めてからというもの、実際のビジネスでもうまくいく確率や無駄足を踏まずにすむ確率は、ものすごく高くなっています。これがもし、本を読むことなく自分一人で試行錯誤しながら、うまくいくやり方を模索していたとしたら、とんでもなく効率が悪いはずです。

他の人が何年もかけてつかんだ経験やノウハウにレバレッジをかけることで、さらに大きなリターンを得ることができる。これが多読の力なのです。

第1章のまとめ

- 読書を投資活動として捉える。
- 一五〇〇円の本一冊から得た知識は、将来一〇〇倍になって返ってくる。
- 「本を読む時間がない」はただの言い訳。本当は「本を読まないから時間がない」。
- 本には他人の数十年分の経験や知恵が詰まっている。
- 読書をしない一流のビジネスパーソンは存在しない。
- 多読は誰にでもでき、特別な道具も訓練もいらない。
- 読めば読むほど累積効果で「パーソナルキャピタル」の「含み資産」が増える。
- 情報の取捨選択能力がつき、主体的な思考力が身につく。

第 **2** 章

Leverage Reading

本探しは投資物件選び

ビジネス書の効率的スクリーニング術

あなたは5年後も今と変わらないが、
付き合う人や読む本なら変えられる。
――――――――――チャーリー・ジョーンズ

人生に一番害のある言葉は「明日」だ。この言葉を一番多く使うのは、貧乏な人、成功しない人、不幸な人、不健康な人だ。彼らはよく
「明日からダイエットとエクササイズを始める」

「明日から本を読む」などと言う。

私は明日を一度も見たことがない。

私にあるのは今日だけだ。

今日は勝者のための言葉で、明日は敗者のための言葉だ。

――――――――――――ロバート・キヨサキ
『金持ち父さんの若くして豊かに引退する方法』

投資の手法を本選びに応用する

本章では本の探し方について紹介します。

本の探し方など説明されなくてもわかる、と思われるかもしれません。しかし、レバレッジ・リーディングの実践はここから始まります。わたしは**本の読み方だけでなく、探す段階からがとても重要であると考えます**。なぜなら、レバレッジ・リーディングは投資活動だからです。

株や不動産などの投資を検討する場合、数多くの物件を長い時間をかけて、多角的に下調べをして絞り込み、いざお金をつぎ込むかどうかを決定するかと思います。成功している投資家はその方法も効率的・効果的なものを自分なりに持っていると思います。

株式投資を例に取ってみましょう。投資をする段階として、次の三つのステップが考えられます。

①投資目的を明確にする……デイトレなどで短期リターンを求めるか、それとも、長期投資か?

▶投資の手法を本選びに応用する

投資なら……	レバレッジ・リーディングでは……
デイトレか長期投資か?	**1.投資目的を明確にする** 自分の人生の目標や現状の課題などを考え、今、必要なのはどんな本かを意識する
情報誌やインターネットの情報など	**2.情報収集とスクリーニング** 書評や口コミなど、自分の勘以外の意見を参考にして、読むべき本を絞り込む
対面販売かオンライントレードか?	**3.買い方** ネット書店とリアル書店のそれぞれの利点を生かして使い分ける

②情報収集とスクリーニング……『会社四季報』『日経マネー』などの情報誌、新聞、インターネットの口コミ情報など

③買い方……大手証券会社の店頭での対面販売かオンライン証券でのインターネット上の取引か?

本の探し方も実は、これらと同じことなのです。二〇〇五年には、日本で年間約七万八三〇四点の単行本が出版されました(『出版年鑑　二〇〇六』出版ニュース社)。また、ビジネス書というジャンルに限ってみても、わたしがよく行くブックファースト渋谷店の店員さんに聞いてみたところ、一カ月に五〇〇点ほど新刊が入ってくるようです。これを年間に換算すると、六〇〇〇点もの数になり

ます。さらに膨大な数の既刊書もあるのです。このような膨大な本の点数の中で自分に合う本を見つけるためのノウハウが必要なのです。一冊一冊の金額は小さいものの、せっかく時間とコストをかけて読書をするのですから、最大限の効果を引き出したい。自分の成功にとって不必要な本はなるべく拾わないようにしたいものです。

目的を明確にする

まず第一に必要不可欠なのが、**「目的を持って本を選ぶ」**ことです。**「自分の人生の目標は何か」「現状の課題は何か」という大きな目標があれば、「今、自分にはどんな本が必要か」ということが、はっきり意識できます。**

たとえば、海外旅行に行く前には、その土地のガイドブックを買います。しかしどこに行くかを決めていなければ、ハワイのガイドブックがいいのか、タヒチのガイドブックを買えばいいのかも決められません。

まずは、目標をはっきり決めることです。そして、その目標を達成するためには何をすべきかについて、目標から逆算して考えます。そうすることで、おのずと課題に沿ったテーマの本を選ぶことができます。

たとえば「いずれ独立したい」という目標を持つ。そうすれば今の自分が強化すべき課題が見えてきます。「業界を研究する」とか、「会計の知識をつける」といった課題がはっきりする。そして、その要求を満たしてくれる本を選ぶ。そうすれば、関係のない本を読まずにすむので、それだけ早く結果が出ます。

また、何かトラブルが起こったときや、仕事上の問題に直面したときというのは、自分が克服すべき課題が明るみに出たときでもあります。営業の成績が上がらずに困っているのなら、トップセールスが書いた本を読めばいい。だいたい誰もが同じようなことを経験してきているものです。何冊か読んでいるうちに必ずヒントが見つかるはずです。そしてそこから得た知識を実際に試してみることで、営業の成績が上がり、自分が経営する会社の売上がアップしたとか、会社勤めの人ならばボーナスがアップしたとしたら、一五〇〇円の本の価値が数百倍になったことになるでしょう。

自分にとってやさしくて読みやすい本を選べ

最近はくだけた調子の本や華やかなデザインの本が増えていますが、ビジネス書は基本的に真面目な本です。もともとは仕事で使う本なのですから、仕方ありません。書店のビジネス書コーナーに行くと、なんとなく深刻そうなムードが漂っていて、慣れないうちは、敷居の高い印象を受けると思います。タイトルにある言葉の意味すらわからないことも多いでしょう。

しかし、無理をして難しい本を選ぶ必要はありません。その中から一番とっつきやすい、わかりやすそうな本を選べばいいのです。

二〇〇〇円台の本よりは一〇〇〇円台の本というように、なるべく安い本を選ぶのも一つの目安です。一般的な傾向として、値段の高い本ほど内容が難しいように思います。

しかし、大事なのは中身であって、体裁ではありません。

ここだけの話、難しそうなのは、ただの「ハッタリ」であることも多い。「難解＝高尚」という錯覚があるせいで、この手の本は後を絶ちません。しかし、かみ砕いてみれば、たいしたことは書かれていなかったりします。

さらに言えば、難しい本に書いてあることが本当に価値のあることなら、それについて知りたがる人は、まだまだたくさんいるはずですから、同じ内容をやさしく解説し直した本がすぐに出版されます。どの出版社も売れそうなテーマの本は、常にチェックしているのです。

Ａ５判（この本より一回り大きいサイズ）でハードカバー、定価二〇〇〇円以上の本には、難解で専門性の強い本が多いという印象があります。こうした本が、いずれ一般向けに一〇〇〇円台の手に入れやすい価格で、四六判（この本の大きさです）のハンディサイズになって出されると考えてもよいかもしれません。

したがって、読みにくい本を我慢して読む必要はありません。もし難しい本を買ってしまったら、無理して読み続けないことです。

だいたい、働いている人は忙しいに決まっています。忙しい人に向けて読ませる本なのだから、短時間で内容を理解してもらわなければなりません。ということは、難しいことをいかにやさしく解説するかが、著者や編集者の腕の見せどころです。だから、簡単そうで、とっつきやすそうな本が、本当に役に立つ情報が詰まった良い本である可能性は非常に高いのです。イラストが入っていたり、文字が少なかったりする本が、実は優れたビジネス書であることも少なくありません。

また、難解で分厚い本は、多読法に慣れてからチャレンジしても遅くありません。**本当に自分自身の目標や課題に合致する内容だったら、決して難しくは感じないでしょう。**逆に、他の人にとって簡単な本でも、自分に全然興味のない本ならば、難しく思えるものなのです。

教養型よりは経験型を選べ

世間一般の常識とは逆かもしれませんが、わたしは基本的に、**難しい本はビジネスにおいてあまり役に立たないと思っています。**正確にいうと、役に立たないというより、即戦力にはならないように思えます。

だからスラスラ読めないような、難しい本を眉間にシワを寄せながら読んでも、あまり意味はありません。先ほども言いましたが、少しくらい難しい本でも、本当にそこに書かれていることに興味があれば、決して難しく感じないものです。

即戦力になるのは、自分にとってやさしい本、読みやすい本のほうです。ビジネスに役立つのは、理論より、実践のノウハウということです。したがって「教養型」の本ではなく、「経験型」の本を選ぶべきです。

教養型というのは、学者や研究者などが書くような、実務とは離れて理論を中心に書かれた研究書です。そういう本は、分厚くて、値段も高いことが多い。先ほど説明したA5判でハードカバーの立派な本はこの典型です。これは、投資にたとえると、投資経験のない証券営業マンやファイナンシャルプランナーに資産運用のアドバイスをもらうことと同じです。こういう本はかなり多いです。

一方、経験型とは、著者が自分自身の経験をベースに書き起こした本。経験者に直接アドバイスをもらうというものです。値段も一〇〇〇円台がほとんどです。わたし自身が選ぶのも、ほとんどが経験型です。なぜなら、**他人の成功体験にレバレッジをかけるのが目的だからです。**

ですから、著者がどんな人なのかは重要なポイントです。その本を書いた人が今までどんな仕事をして、どんな実績をあげた人なのか、購入する前に必ずチェックします。著者の肩書きはカバーの著者名のそばに印刷してあることが多いですし、巻末にある著者プロフィールには、もっと詳しい経歴が載っているので、それを参考にします。

まず身近なテーマから選ぼう

どんなにやさしくて読みやすい本でも、あまりにも自分とかけ離れたテーマでは、それほど役に立ちません。やはり自分の身近なテーマについて書かれたものを選びましょう。

ビジネス書には、国際情勢を解説した本やマクロ経済の動向を分析した本なども多いのですが、大きなテーマの内容にいきなり手を出すと、途中でイヤになるかもしれません。

自分に直接関係ない話ですと切実に知りたいとは思えませんし、わからない言葉が多すぎると、とたんにやる気が失せてしまいます。ここでは「教養」のための読書は必要ないのです。

最初のうちは、自分の人生の課題に役立ちそうな本とか、自分のビジネスに直接関係のある本がいいでしょう。興味を持って、切実に読めるからです。

営業の仕事をしているのなら、営業マンのノウハウについて書かれた本。起業をめざしているのなら、起業して成功した人の本。時間管理に悩んでいるのなら、タイムマネジメントの本というように、自分の仕事に明日からでも使えそうな本が興味を持って読めるでしょう。その中でも「こうやったらうまくいった」とか「このやり方で儲かった」という経験型の本がすんなり頭に入ります。

そのうちに直接自分と関係ない業界の人が書いた本でも、自分に重ね合わせて読めるようになります。業界が違っても、一流の人のビジネス哲学には共通するところが多いからです。何冊か読み進めるうちに、ビジネスにおける成功の秘訣は普遍的なものだということがわかってきます。

たとえ業種・業界が違っても、「人間のすること」にあまり違いはありません。海外の翻訳書だってよく読まれているのはそのせいです。多読術に慣れてきたら、幅広いジャンルからいろいろな本を選ぶようにするとよいと思います。

まずは、とにかく本を読む習慣を身につけること。本って意外とおもしろい、結構役に立つと思えたらしめたものです。

テーマ、トレンド、直感で選ぶ

それでは、具体的に本の選び方について紹介しましょう。わたしの本の選び方には、大きく分けて次の三つがあります。

●テーマで選ぶ……先ほど述べたように将来の目標から逆算して現在の自分に必要な課題を割り出し、それに沿った内容の本を選ぶやり方です。あるテーマについて詳しく知りたいとか、ある問題を解決したいなど、「あらかじめテーマありき」の場合はこれにあたります。インターネット書店は、テーマに沿った本を簡単に見つけ出すことができます。

●トレンドで選ぶ……世の中の流れをつかんだり、予測したりするのが目的です。雑誌や新聞の記事で「これはおもしろい経営方針だな」とか「変わった投資のやり方だな」と思ったら、それについて書かれた本を探して読むようにしています。

話は少しそれますが、わたしは本だけでなく新聞や雑誌も欠かさず目を通すようにしています。『日経ビジネス』『日経ベンチャー』『週刊東洋経済』『週刊ダイヤモンド』『GQ』など主要なビジネス誌はほとんど買って読んでいますし、『Business Week』『Fast Company』『Hawaii Business』などの海外の雑誌もチェックしています。

●直感で選ぶ……自分が面白そうだなと思った直感に従って選ぶ方法です。本能のおもむくままに選んでかまいません。

以下では、それぞれについて詳しく紹介していきます。

同じジャンルの本を徹底的に読む

本を読む目的がはっきりしているときにおすすめなのが、「カテゴリー集中法」という選び方です。これはあるテーマについて知りたいと思ったら、そのジャンルの本を、手に入る限り全部、徹底的に読むことです。

わたしは数年前、経営していた会社を上場させることになり、ＩＲ（株主への企業の情報公開）について、勉強する必要に迫られ、その分野について詳しく知りたいと思いました。

こんなときに使うのが、カテゴリー集中法です。書店に行って、そのジャンルの棚に置いてある本を片っぱしから買いあさる。またはネット書店でキーワードを検索し、その分野に関係のある本を全部注文します。すると、いろいろな人が書いた同一分野の本が、数十冊そろいます。これを集中して読んでいきます。

当然、表現は違えども内容に重複はあります。だからといって、何冊も読むのが無駄だとか、もったいないということではありません。むしろ逆で、複数の本を読むからこそ、重要なポイントがわかるのです。つまり、どの本にも同じことが書いてあれば、それは誰もが認める重要なポイントだと判断できるのです。

一冊の本だけに書かれていることは、その著者個人の意見かもしれません。しかし、もし同じことを一〇人の著者が主張していたら、それはもう原理原則と呼べるのではないか。これがわたしの持論です。

また、一冊の本だけに頼るということは、一人の著者の考え方や知識しか知ることができないということです。当然、その著者の考え方が自分の方向性と違うこともあるでしょう。しかし、**たくさんの本を読めば、その中から自分の考えや方向性に合ったやり方を見つけられる可能性が高くなります。**

つまり、病気になったとき、一人の医師の意見を鵜呑みにするのではなく、別の医師にセカンドオピニオン、サードオピニオンを求めるのと同じです。複数の意見を参考にすることにより、自分に合った意見を選んで、どのような治療をするかを意思決定することができます。また、仮に複数の医師の意見が一致したとしたら、それはかなり信頼できる意見だと思っていいでしょう。

多読には、たくさんの本を読むことで、複数の意見を同時に参考にできるというメリットもあるのです。

スクリーニングの技術

本選びに関しては、自分の勘だけでなく、書評や口コミなど、自分以外の人の意見もどんどん参考にしましょう。これも一種のレバレッジです。

自分の好みだけで選んでいると、どうしても偏りが生じます。しかも毎月、五〇〇点のビジネス書の新刊が出ていると言いますから、その中から良い本を選ぶには、複数の目で選んだほうが効率がいいに決まっています。

もちろん他人が選んだものですから、自分が読んでみても同じようにしっくりくるとは限りません。なかには、「あんなに絶賛してあったのに、読んでみたら、自分にはまったく合わなかった」ということもあるかもしれません。

しかし、書評についても吟味を重ねた結果、今ではかなり信頼性の高い書評情報や読書家の友人・知人を得ることができました。おかげでハズレに当たる確率はかなり少なくなっています。

信頼できる書評を利用することは、時間と労力の節約につながります。「駄本」を選んで時間とお金を無駄にしないためにも、「フルイ」の目は細かいほうがいいと思います。フルイは、さしずめ投資でいうスクリーニングにあたります。わたしがいつも参考にしているスクリーニングは、次のようなものです。

●友人・知人・目利きの口コミ
●メルマガの書評
●新聞・雑誌の書評や広告

●国内外の書評サービス

以下では、順を追って詳しく説明していきましょう。

友人・知人・目利きの口コミ

第一のスクリーニングは、友人や知人の口コミを利用して、良い本を探す方法です。口コミといっても、雑談のついでに向こうから良い本を教えてくれるのを待っていては、情報は入ってきません。わたしは誰かと話していて、「この人はすごいな」と思ったら、「最近読んだ本で何か面白い本はありましたか?」と尋ねるようにしています。

相手が成功した経営者なら、やはりどんな本を読んでいるかはおおいに気になるところです。また、自分の読書の守備範囲を広げるためにも、年齢を問わず、年上・年下の友人にも「最近何か良い本を読んだ?」と聞きます。

ただし、情報のもらいっぱなしではいけないでしょう。やはりギブ・アンド・テイクが基本なので、最初に自分から情報をあげるつもりでいないと、良好な人間関係は維持できないと思います。

そして、ここからが肝心なのですが、すすめられた本は必ずタイトルをメモして、忘れないうちに買って読むことです。相手と会っている間だけ、話が盛り上がればいいというものではありません。やはり行動に移すことが大事です。「いつか買おう」などと思っていると忘れてしまいかねません。わたしはできるだけその日のうち、あるいはその場で携帯電話を使ってアマゾンに注文してしまいます。その方法については後述します。

良い本は人に贈る

ところで、本選びのスクリーニングの話から少し脱線しますが、わたしは本の情報だけでなく、本そのものも人にプレゼントすることが多いです。自分が読んで感銘を受けた本を「あの人にピッタリだな」と思ったら、すぐ贈ります。

また、すごく勉強になる話を聞かせてくれた人には、何かお返しをしたくなります。そんなとき一五〇〇円程度の本をプレゼントするのは、先方もそれほど負担に感じなくてすむいい方法ではないでしょうか。ランチをおごるくらいの金額で、ずっと使えるノウハウのプレゼントができます。

本を贈るといっても、小説やエッセイ、写真集などは、その人の好みがわからないと、喜んでもらうのが難しいものです。もらうほうにしても、好みを押しつけられるのは勘弁してほしいでしょう。しかしビジネス書なら、実用品のようなものですから、それほど大きく好みを外すことはありません。

プレゼント用の本は、たとえ自分が同じ本をすでに持っていても、必ず改めて買います。読み終わった本を人にあげることはありません。なぜなら、レバレッジ・リーディングでは、本は「汚してナンボ」だと思っているからです。わたしがすでに読んだ本は、線を引いてあったり、書き込みがしてあったり、ページを折ってあったりします。だから本をあげるなら、新しい本をもう一冊買い求めます。

ついでに言うと、読み終わった本を人に貸すこともありません。線を引いたりページの角を折ったりした本は、わたしだけの資産だからです。それよりは新しくもう一冊買って、プレゼントすることにしています。

人によって重要なポイントは違うので、もらった人は、まっさらな状態から、自分だけの読み方をしていってほしい。自分に合ったところに線を引き、自分の資産にしてほしいと思っています。

人に本を贈るときにも活躍するのが、アマゾンです。

アマゾンをよく利用する人ならご存じかと思いますが、アマゾンでは商品を注文すると

▶アマゾンのギフトオプションの画面

（出所）アマゾン　ホームページ。

きに、「ギフトオプション」という選択肢があります。このボタンにチェックをつけると、プレゼント包装をしたり、簡単なメッセージを添えたりすることもできます。思い立ったとき、わざわざ書店に行かなくてもすむので、とても便利です。

同じ本を読むと考え方を共有できる

また、自分が読んだことのある本を、他の人にも読んでもらうことのメリットは他にもあります。**同じ本を読むことで、共通認識を持つことができるのです。**

わたしが感銘を受けた本から学んだことを、誰かに口で説明するのは大変ですが、実際にその本を読んでもらえば話が早い。内容を誤解されることもありませんし、価値観を共有するのも簡単です。

たとえば、以前わたしの経営する会社の業績が落ち込んだことがありました。そのときにわたしは、三枝匡さんの『V字回復の経営』(日本経済新聞社)という本を幹部社員たちに読んでもらい、その本に書いてあることを自分たちの問題として置き換えてディスカッションするため、合宿を行いました。

すると、やがて本当に業績が見事なV字を描いて回復しました。できすぎた話に聞こえるかもしれませんが事実です。奇跡の復活を遂げた企業のストーリーを読むことで、会社や社員の問題点や、回復のためにまず各自が当事者意識を持ち、どう行動すべきかについての共通認識を持ち、それをもとに一人ひとりがどう行動するかを話し合い、具体的な行動に移したことから、同じベクトルを持って行動することができたことが勝因でした。

もしこの本を読んでいなかったら、彼らが当事者意識を持つことは難しかったにちがいありません。共通言語や共通認識がないのに、「目標に向かってがんばろう!」と言っても、なかなか難しい。いくら口でうるさく言われても、危機感は薄かったと思います。

ところが同じ本を読むと、考え方を共有することができます。こんなビジネス書の使い方もあるということを知っておいてほしいと思います。

メルマガの書評を利用する

話が少しそれてしまいましたが、第二のスクリーニングです。最近増えているのが、ネット上のビジネス書紹介のホームページ、メルマガ、ブログです。いろいろと吟味してみたところ、現在、書評に関しては次の四つのメルマガに絞って購読しています。いずれも無料です。

●元アマゾンのカリスマバイヤーの土井英司さんの『毎日3分読書革命！　土井英司のビジネスブックマラソン』。
●週末起業でおなじみの藤井孝一さんの『ビジネス選書&サマリー★プロ厳選！　30秒で読んだフリ』。
●マインドマップ読書術で知られる松山真之助さんの『Webook of the Day』。
●ビジネス書コンシェルジェ、Ｔｕｌｉｐａさんの『後悔しないための読書【ビジネス書の本格的書評】』。

これらのメルマガで取り上げている本は、どれも読む価値のある本ばかりです。選者も現役のビジネスパーソンなので、読者と同じ視点で良い本かそうでないかを判断できるところが、非常に役に立ちます。

詳細は次ページの表にまとめておきましたので、購読を検討されてはいかがでしょうか。

それから、こちらは書評専門メルマガではありませんが、良いビジネス書が紹介されていることが多いです。いずれも無料なので、購読してみることをおすすめします。

●まぐまぐ読者数日本一、一九万人の読者をかかえ、ビジネスの成功方程式を紹介する鮒谷周史さんの『平成・進化論。』

●読者数一五万人を超える経営者向けメールマガジンで、現在活躍中の経営者へのインタビューを配信する増永寛之さんの『プレジデントビジョン』

●「情報商人」岩元貴久さんの『インターネット虎の巻』

●経営コンサルタントの和仁達也さんの『ワニレポ★せっかくやるなら楽しくやろう!』

●個人投資家向けファイナンシャル教育の日本ファイナンシャルアカデミーの『日本の個人投資家よ、立ち上がれ! ファイナンシャルアカデミー通信』

▶スクリーニングに役立つメールマガジン

書評メールマガジン
毎日3分読書革命！　土井英司のビジネスブックマラソン http://eliesbook.co.jp/bbm/ 元アマゾンのカリスマバイヤーの土井英司氏が、経済や優良ビジネス書の情報を毎日配信
ビジネス選書&サマリー★プロ厳選！　30秒で読んだフリ http://www.bbook.jp/ 「週末起業」で知られる藤井孝一氏がプロの書評家として 週1冊厳選したビジネス書の要点を1500字にまとめて毎朝配信
Webook of the Day http://webook.tv 「1日1冊」書評マガジン。著者は『マインドマップ読書術』で著名な松山真之助氏
後悔しないための読書【ビジネス書の本格的書評】 http://www.mag2.com/m/0000125885.html ネット書評家Tulipa氏がビジネス書・自己啓発書のエッセンスを抽出。週3回配信

その他のメールマガジン
1億稼いだ■最強方程式を毎日10秒で ⇒ 平成・進化論。 http://www.mag2.com/m/0000114948.html 会社倒産→失業者からたった3年で3社経営、売上4億・利益1億超を稼ぎ出した鮒谷周史氏の 年収300万円時代の成功方程式を紹介。勉強法・セミナー・ビジネス書の紹介も多い。毎日配信
プレジデントビジョン http://www.president-vision.com/ 増永寛之氏が活躍中の社長にインタビューし、ビジョン、経営哲学、成功の秘訣を紹介。 毎日配信で週末に書籍の紹介
インターネット虎の巻 http://iwamototakahisa.com/blog/ アメリカ・日本で会社を経営する企業家で、「情報商人」の岩元貴久氏がインターネットマーケティング のノウハウを公開。おすすめのビジネス書も紹介されている
ワニレポ★せっかくやるなら楽しくやろう！ http://www.mag2.com/m/0000101533.html 経営コンサルタントの和仁達也氏が、毎月2回【今日の気づき】と【今日の一冊から】を配信。 さらにホームページで自分の読んだ毎月15冊と短評を紹介
日本の個人投資家よ、立ち上がれ！　ファイナンシャルアカデミー通信 http://www.financialacademy.jp/ 個人向けのフィナンシャル教育を行うセミナー会社が投資で成功するためのポイントを紹介。 週3回配信。投資関連の優良本も紹介されている

これらのメルマガやホームページの中ではアマゾンへのリンクが張ってありますので、すぐにアクセスして購入することができるのも便利です。

新聞・雑誌の書評欄を参考にする

第三のスクリーニングは、新聞や雑誌の書評欄を参考にして、本を選ぶ方法です。
日本のビジネス誌では、『日経ビジネス』での紹介する本に最も注目しています。また、主要書店でのビジネス書の売れ行きランキングが載っていて、本選びの参考になります。『GQ』は、ファッション誌とビジネス誌のちょうど中間に位置するような性格の雑誌で、若くて勢いのあるビジネスパーソンをターゲットにしているせいか、いつも参考になる本が載っています。

それから一般向けではないかもしれませんが、洋書探しの参考に欠かせないのが、アメリカの雑誌『Fast Company』。成長企業の経営者が主な読者層で、イノベーションやワークスタイルなどについて特集されていることが多く、日本にいても定期購読できます。わたしの訳書であるピーター・モントヤ著『パーソナルブランディング』（東洋経済新報社）の原書の存在を知ったのも、この雑誌で紹介されていたからでした。

洋書を読むのは、やはり日本語の本に比べて時間がかかるので、「駄本」をつかんでしまうとダメージが大きくなってしまいます。駄本を買わないためにも書評は大事です。自分に合ったジャンルで書評の優れた雑誌を選んでみてください。

同じくアメリカのナイチンゲール・コナントという有名な成功者のオーディオ教材などを扱っている世界最大の会社が発行している月刊誌『AdvantEdge』も参考にします。

この会社は、日本には同じような種類の会社がないので説明するのが難しいのですが、ジェイ・エイブラハム、ロバート・キヨサキ、ブライアン・トレーシー、アンソニー・ロビンズ、ジグ・ジグラーなど日本でも翻訳されてベストセラーになっているような著者が、セールス、マーケティング、モチベーションアップや投資のノウハウを語り、それを本、CD、DVDなどにして売っている会社です。この『AdvantEdge』には、世界的なビジネスリーダーが書いた本やコンテンツの紹介があり、日本でまだ翻訳されていない質の高い経験型の本をいち早く見つけることができます。

それから、新聞広告も本選びの大事な材料です。わたしは『日本経済新聞』と『朝日新聞』の二紙を購読しています。便利だからといって、アマゾンばかりを利用していると、どんな新刊が出たかを十分に把握できないからです。

本好きな人は『朝日新聞』の書籍広告を参考にすることが多いそうですが、『朝日新聞』

には小説やエッセイなど文芸書が多く載るので、ビジネス書を選ぶには、ビジネス書の広告が最も多く出ている『日本経済新聞』が一番良いと思います。ピンときたら広告を切り取ったり、書名をメモしたりして、忘れないうちにすぐに買うようにしています。

有料の書評サービスを利用する

最後に、有料の書評サービスを利用する方法があります。

「有料の書評サービスって、いったい何？」

「そんなもの、初めて聞いた」

という人も多いでしょう。

これは日本にもありますが、特にアメリカで盛んです。忙しくて本を読めない人に代わってサービス業者のスタッフが主な新刊を読破し、読むべき本を選んで紹介するというサービスです。

しかも、ただ紹介するだけでなく、内容のサマリー（要約）も充実していて、新刊でもすぐに取り上げられますし、一定のボリュームがあります。これを読めば、実際に本を読んだのと同じくらい効果が得られるのがすごいところです。サマリーを吹き込んだ音声データまで用意されています。このような商売が成り立つのも、いかにアメリカのビジネスパーソンたちが本を読んで、勉強を怠らないかという証明といえるでしょう。

わたしが主に利用しているのは、「Audio-Tech Business Book Summaries」「Executive Book Summaries」の二社によるサマリーサービスです。どちらもサービスにそれほど差はなく、年会費は一二〇～一五〇ドルで、毎月二～三冊分のサマリーが五～一〇ページ程度のＰＤＦデータで、またそれを朗読した音声データをダウンロードすることもできます。英語ができる人にはおすすめです。わたしはダウンロードしたデータをｉＰｏｄに落として聞いたりします。

余談ですが、もともとアメリカでは、忙しいビジネスパーソンほど本を読むのは当たり前ですし、自動車通勤の人が多いので、本を朗読したオーディオブックがとても盛んです。いろいろなジャンルの本がカセットテープやＣＤなどに吹き込まれて、手頃な値段で売られています。「聴く読書」がジャンルの一つとして確立されているのです。

日本にも書評サービスはあります。『TOP POINT』（パーソナルブレーン）がその一つで、会員制の月刊誌です。この雑誌は毎月、一〇〇冊以上のビジネス関連の新刊の中から、内容が斬新で、アイデアにあふれ、経営者、ビジネスパーソンに本当に役立つ「一読の価値ある本」を一〇冊選び、一冊あたり四ページで、わかりやすく紹介してくれています。

▶有料の新刊書紹介サービス

Audio-Tech Business Book Summaries®

http://store.audiotech.com/

Executive Book Summaries®

http://www.summary.com/

TOP POINT

http://www.p-b.co.jp/

▶アメリカのサマリーサービス

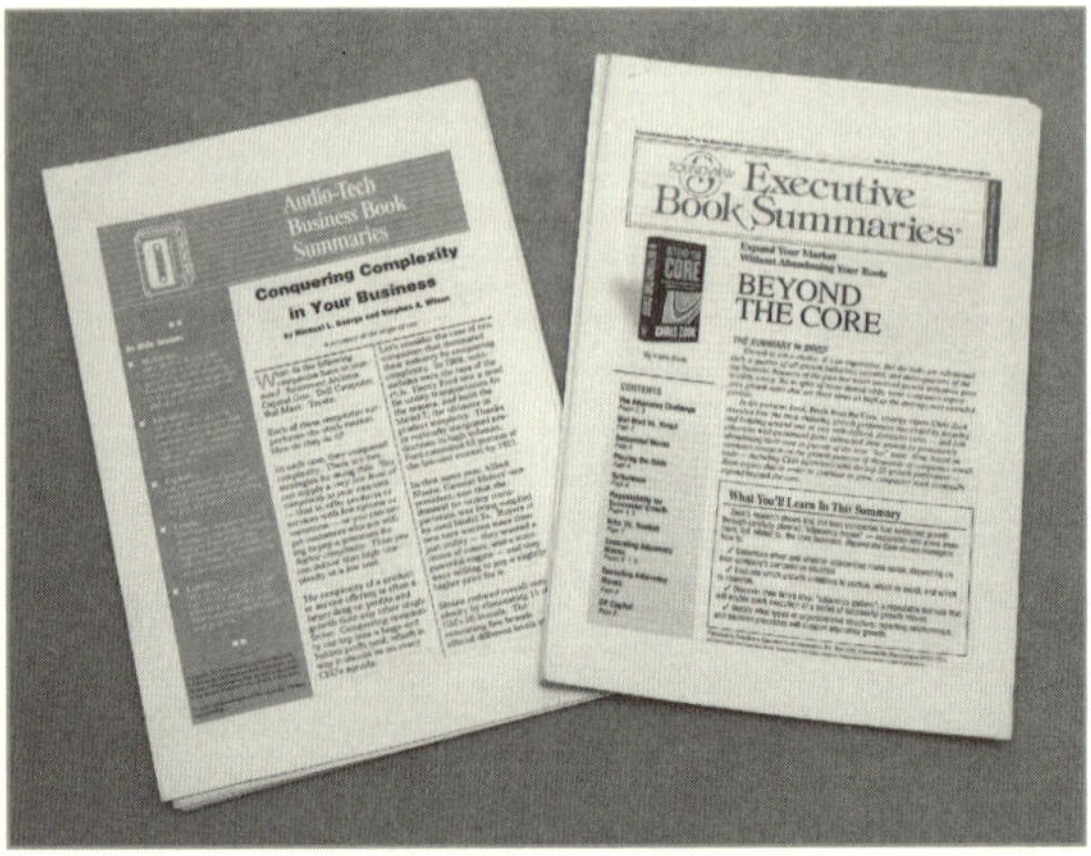

出版社の宣伝文句をそのまま引用したような書評ではなく、実際に選者が読んだうえで選んでいることが伝わります。

ただし書店では売っていないので、直接申し込んで定期購読します。値段は定期購読の期間によって違いますが、一年間の購読ですと一万二六〇〇円で、一冊にすると一〇〇〇円くらいになります。経営者をターゲットとしたサービスなので、取り上げるのはやや高価な本が多いかもしれません。URLを載せておきますので、参考にしてください。

ネット書店とリアル書店を使い分ける

次に、本の購入方法を紹介したいと思います。レバレッジ・リーディングでは、読書すなわち投資ですから、買い方は「仕入れ」に該当する重要な行為です。

わたしも最初のうちは何を読んでいいのかわからず、書店で途方に暮れながら、ずいぶん長い時間ウロウロしていたものです。しかし経験を積むうちに、だんだん効率的な選び方と買い方がわかってきました。以下では、本の仕入れスピードアップ術について紹介しましょう。また、先のスクリーニングに漏れた本をいかにして拾って、購入するかというノウハウも紹介します。

今はインターネット書店（ネット書店）が数社あり、ビジネスパーソンの間にもかなり浸透しつつありますが、レバレッジ・リーディングでは、市中にある一般の書店（リアル書店）との使い分けを徹底するのが特徴です。

忙しいビジネスパーソンにとって、二四時間オープンのネット書店は強い味方です。実際にわざわざ書店まで行かなくても、本章で紹介した書評などのスクリーニングを利用すれば、どんな本を読むべきかがわかるため、ネットで注文するだけで目的の本を手に入れることができます。たとえ残業で帰りが遅くなっても、問題ありません。注文後、在庫があれば一〜三日から一週間程度で指定の場所まで配送してくれるので、忙しい人には本当に便利です。また、ネット書店にはインターネットショップならではの便利な機能もあり、これを使うことで、ふつうの書店ではできないような効率的な本の買い方をすることができます。

ただし、ネット書店だけ利用していても、やはり偏りが生じてしまいます。そのため、一般の書店にも実際に足を運んで、本を手に取って選ぶことが必要です。**ネット書店もリアル書店も、その特徴に応じて使い分けるのが、現段階では最も効率的だと思います。**わたしの利用状況は、今のところネット書店六割、リアル書店四割というところです。

証券会社で考えてみると、店頭での対面販売とオンライントレードの違いのようなものでしょうか。対面ではそれぞれの顧客に応じて、担当者が金融商品をすすめてくれたり、いろいろとアドバイスをしてくれたりします。反面、オンライントレードですと、情報収集は自分のみで、店員のアドバイスなく、購入銘柄を決定することになります。

もっとも、書店では店員さんがお客さんにアドバイスこそしませんが、書店ごとのおすすめがわかるような、店頭での並べ方やポップといったプレゼンテーション、品揃えなど、それぞれのお店の特徴や意図があります。こう考えると、リアル書店での選び方は受動的なものであるのに対して、ネット書店は能動的とも言えるかもしれません。

後ほど詳しく説明しますが、ネット書店にはいろいろな機能や便利なサービスがあって、バーチャルショップであることのデメリットを補って余りあるものがあります。また、本選びについても、良い本を効率よく選ぶコツがあります。

しかし、そもそも「多読術」なのですから、一冊だけを厳選する必要はないわけです。迷ったり、じっくり比較検討したりするから時間がかかります。わたしは「これは良さそうだな」と思ったら、即「買い」です。

したがって、それほど多くの時間を仕入れに費やしているわけではありません。選んだり買ったりすることも、読むことと同じで、慣れるにしたがってどんどん時間が短縮できるようになります。「書店に行くヒマがない」とか、「どんな本を選べばよいかわからない」

と思う人も、何も心配することはありません。

ネット書店の中でアマゾンをおすすめする理由

ネット書店はいくつかありますが、わたしは今までも何度か話題にのぼったアマゾンを利用することがほとんどです。いろいろなネット書店を試してみましたが、結局一番使い勝手がいいのは、今のところアマゾン（http://www.amazon.co.jp/）です。品揃えが豊富ですし、届けられるのも比較的早い。そんなわけで、わたしはほとんど毎日アマゾンのサイトにアクセスし、何かしら注文しています。

ネット書店の利点は、なにしろ検索が楽なので、「目的買い」にぴったりなところです。すでに買いたい本や、こんな本がほしいというテーマが決まっているときは、わざわざ書店に行かなくてもワンクリックで買えるネット書店が断然便利です。

リアル書店を訪れると、たまたま手にとった本を衝動的に買うということもよくありますが、アマゾンではあまりそういうことはありません。商品が画面上に一度に数点しか表示されないので、ふつうの書店のように、全体を俯瞰するのには適さないからです。

その逆に、ネット書店は能動的な買い方と言えるでしょう。だから新聞広告で見つけた本など、すでにほしい本が決まっている場合は、書店に行って探すより、アマゾンで検索して注文するのが一番時間の節約になります。

書店では売り場で目的の本を探すのが大変ですし、在庫がないこともよくあります。それに比べるとアマゾンは在庫切れが少ないようです。効率よく仕入れができるという点で、投資としての読書にぴったりです。

さて、ネット書店は目的買いに適しているとはいえ、まったく衝動買いをしないかというと、そんなことはありません。

ご存じのとおり、アマゾンは過去の買い物履歴をもとに、類似図書を推薦してきます。アマゾンのユーザーならわかると思いますが、サイトにアクセスするだけで、トップページに「本田直之さん、おすすめの商品があります」というメッセージが表示される、あれです。コンピュータが購買履歴をもとに、以前買った本と著者が同じだったり、テーマが同じだったりする本を自動的に紹介してくるのです。

これよりもわたしがよく参考にするのは、「この商品を買った人はこんな商品も買っています」という表示のところです。ここですすめられた本は少しでも興味があったら、たいてい買ってしまうのですが、一応注文する前にカスタマーによるレビュー（その本を読んだ一般の読者の感想）を見ます。ここでよほど低い評価がつけられている場合は、買うのをやめてしまうこともあります。

カテゴリートップランク買い

アマゾンの利用法をもう一つ紹介しましょう。これはわたしが「カテゴリートップランク買い」と名づけた方法です。

アマゾンでは本のジャンルを細かく分け、カテゴリー別の売れ行きを発表しています。たとえば、ビジネス書では「ビジネス」の下に「ビジネス・経済・キャリア」と「投資・金融・会社経営」とあり、その下に前者なら「経済学・経済事情」「産業研究」「マーケティング・セールス」「経理・アカウンティング」「金融・ファイナンス」……というようにジャンル分けがなされています。その中から一〜三位までで面白そうな本があったら、無条件に買ってみる方法です。

「売れている本には、やはりそれだけの理由がある」というのがわたしの持論です。もちろん売れ筋には、ネット書店ならではの傾向もあります。アマゾンの利用者はインターネットのヘビーユーザーが多いので、著者が人気のメルマガを書いていたり、人気のホームページで話題になった本があったりすると、順位が上がってしまうこともあるようです。

しかし売れる本には、それだけでなく、必ず何かしら優れたものがあります。また、その本が売れるという現象そのものからも、世の中の動きを推察することができるはずです。「めぼしい本はほとんど読んでしまった」とか、「最近、良い本がないな」と思ったら、こんなちょっと変わった方法を試してみてはどうでしょうか。

「なか見!検索」を使ってテーマで選ぶ

なお、六四ページで「テーマで本を選ぶ」として、「カテゴリー集中法」について説明しましたが、そのときには、アマゾンの「なか見!検索」という機能が役に立ちます。

たとえば、「レバレッジ」に関する本を探したいと思ったとします。ふつうの検索では、タイトルに「レバレッジ」とついていなければ、検索結果に出てきません。しかし、「なか見!検索」で「レバレッジ」を検索すると、本文中にレバレッジという言葉があれば、引っかかるという仕組みです。

以前はこの機能(Search Inside)がアメリカのアマゾンにしかなかったので、もっぱら洋書を探すときに使っていました。わたしが、「Leverage」というテーマの本を探していたとき、Search Insideで検索したところ、ブライアン・トレーシーの*Focal Point: A*

▶「なか見！検索」の画面

❶ 書名で検索

❷ この本の内容で検索

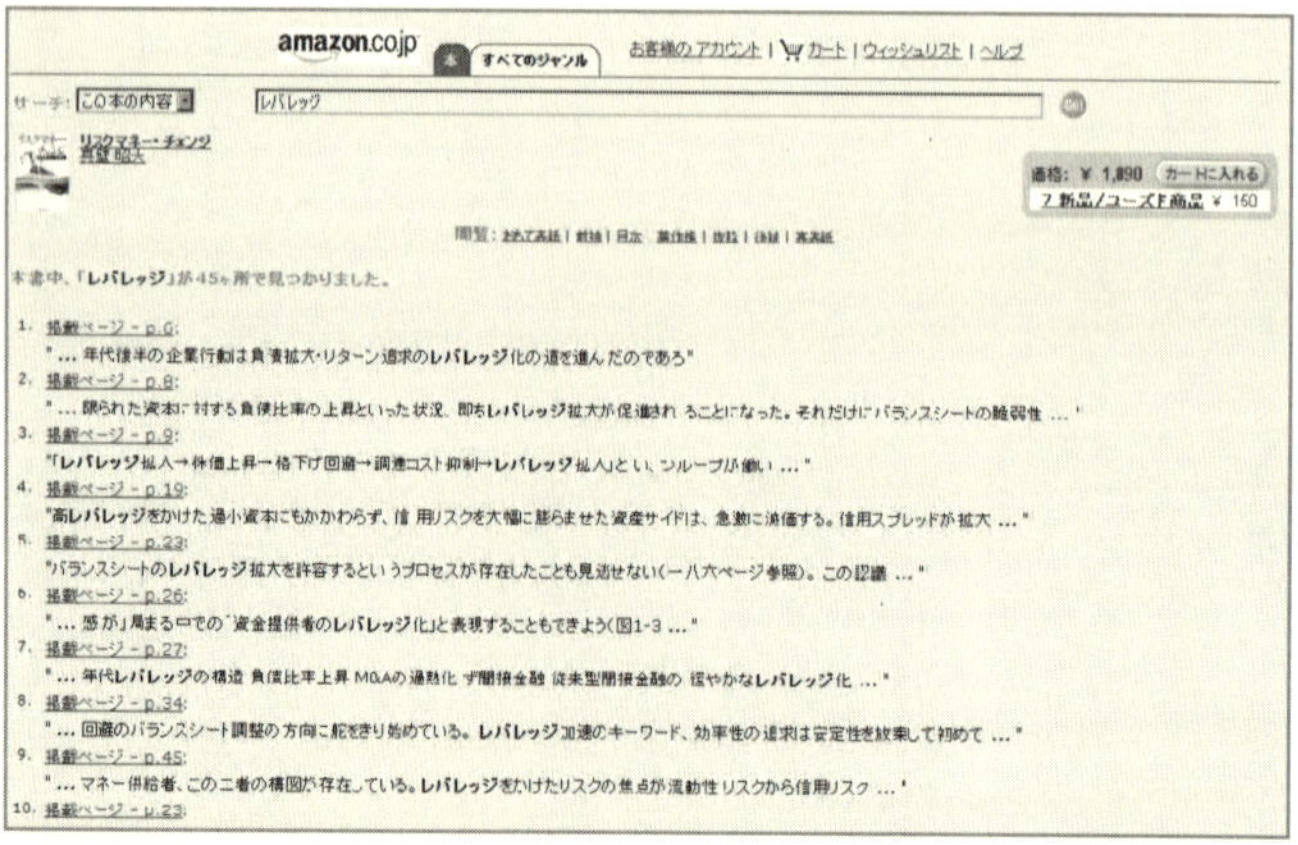

（出所）アマゾン ホームページ。

Proven System to Simplify Your Life, Double Your Productivity, And Achieve All Your Goals（『フォーカル・ポイント――仕事の「その一点」に気づく人、気づかない人』主婦の友社）というとても良い本を見つけることができました。

この機能は、ようやく日本版のアマゾンでも実用化されつつあり、重宝しています。ネット書店を使うのは、ほしい本が決まっているときが多いと思います。しかし、この「なか見！検索」を使えば、「こんな本が出ているのか」という思いがけない発見もあります。

携帯電話から即座に購入する

また、「人におすすめの本を聞く」という話をしましたが、おすすめの本を前にインターネット書店のアマゾンの「ａｍａｚｏｎスキャンサーチ」という便利な機能で携帯電話を使って、その場で本を買うことができます。二〇〇六年一〇月現在、この機能はＮＴＴドコモのｉモードに限定のようですが、携帯電話のカメラで本の裏表紙についているバーコードを読み取って、ａｍａｚｏｎモバイル（アマゾンの携帯サイト）でその本を注文できるというものです。

まず、アマゾンのホームページから専用のｉアプリを携帯電話にダウンロードしておき

▶amazonスキャンサーチで本を購入する

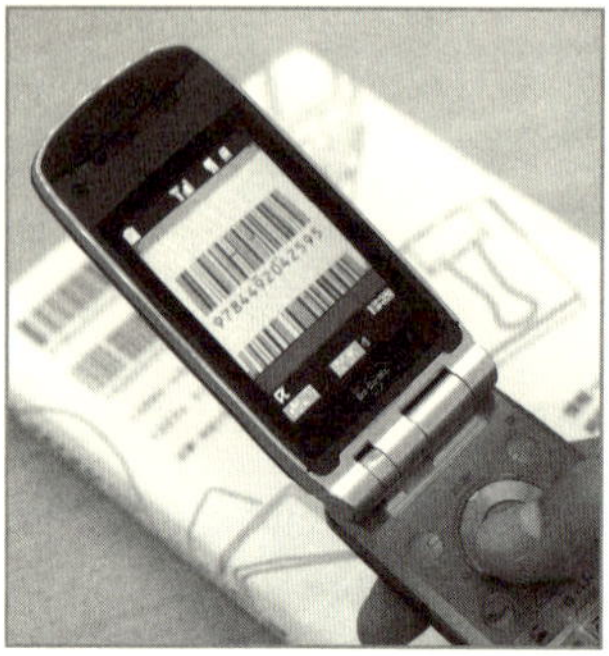

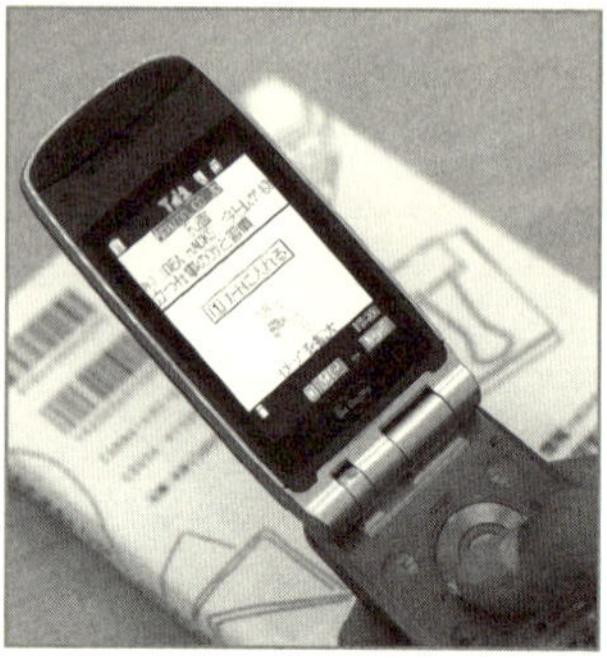

ます。そして、カメラでQRコードを読み取るのと同じ要領でバーコードを読みとると、アマゾンモバイルのその本のページにつながり、ワンクリックで注文できます。たった親指一本でできることです。

だれかが面白そうな本を持っていたら、すかさず、「ちょっと裏表紙見せて」と言ってバーコードをスキャンさせてもらえば、その場で購入でき、タイトルや著者名、出版社名をメモする必要すらありません。人に紹介されたときに、いつか買おうと思っていても、ついつい忘れてしまう方にはかなりおすすめの機能です。

リアル書店での本の買い方

ここまでネット書店の利点をたくさん並べましたが、やはりネット書店だけで事足りるというわけにはいきません。ふつうの書店も並行して利用することが大事です。

そして、行くのは大手書店に限ります。だいたいがトレンドに合った品揃えをしていますし、相当の点数がストックされているので、あるテーマの本を購入しようというときにも、その選択肢が広がるからです。

わたしがよく行く書店は、東京都渋谷区の青山ブックセンター（ＡＢＣ）本店とブックファースト渋谷店です。ＡＢＣは自宅とオフィスのちょうど中間地点にあるので、出勤途中に寄るのにちょうどいい。わたしは海外の雑誌を読むことも多いので、海外の雑誌に強いＡＢＣは強い味方です。東京にいるときは、三日に一度の割合で立ち寄ります。

なお、少し専門的な話になりますが、ＡＢＣは、海外のファッションやアート関係の本、ビジネスではマーケティングや広告関係の品揃えが充実しています。ちょっと通好みというか、玄人ウケする書店なのです。

また、大型書店のブックファースト渋谷店には、売れている本のトレンドをチェックしに週一回ほど行きます。ここは流行発信地である渋谷の中心的な書店だけあって、ポピュラーな売れ筋をきっちり押さえたレイアウトと品揃えです。

一階には大量のビジネス書が平積み（表紙を上に向けて並べる陳列方法）されているので、ここを眺めるだけで一気にトレンドをつかむことができるし、存在を知らなかった面白そうな本を素早く見つけることができます。また、店内に表示された「売れ行きベストテン」を眺めていると、アマゾンのランキングとはまた微妙に傾向が違うことがわかって、興味深いものです。

わたしは書店のビジネス書コーナーに行くと、まず平積みになっている本を眺めます。平積みを見ていると、だいたいのトレンドが見えてきます。なぜなら平積みになっている本は、新しく出たばかりの本か、売れ行き良好書であって、書店の担当者が自店の主力商品として認めた本だからです。平積みになっている本なら、表紙を見ただけで買うこともよくあります。

実際に手に取って本を選ぶことができるのも、リアル書店の強みです。わたしは著者が自分の経験を書いた「経験型」の本を選ぶことにしているので、著者がどんな人なのか、ソデ（カバーの折り返し部分）や奥付（巻末にある出版に関するデータ）を見てチェックします。

▶青山ブックセンター本店の店頭

洋書やファッション、アートやデザイン関係に強い。ビジネス書ではマーケティングや広告関係の品揃えが充実。ゆったりとした空間で本探しができる。

▶ブックファースト渋谷店の店頭

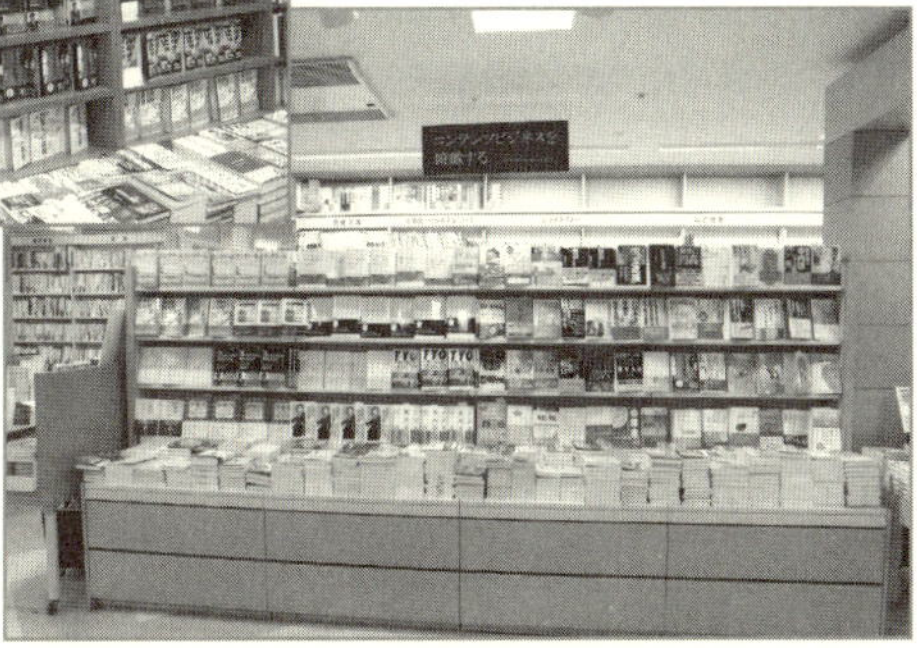

1階の売れ行き好調書や新刊の棚は、売れている本や最近のトレンドの情報収集に役立つ。4階のビジネス書コーナーは都内有数の品揃えを誇る。

また本によっては、古い本を買っても意味がないときがあります。恒久的なノウハウがほしいときは、少し前に刊行された本でも関係ありませんが、トレンドをフォローするときなどは、できるだけ最近出た本のほうがいいので、奥付の初版の年月日をチェックすることもあります。ついでに言うと、奥付には何回増刷したかを表す「第○刷」という表示があります。この回数が多ければ、それだけ売れているという目安にもなります。

さて、レバレッジ・リーディングにおいて、本を大量に買うのは基本中の基本です。一冊だけ厳選するわけではありませんから、選ぶのにそれほど時間はかかりません。

もちろん目的を持って買うのですが、ちょっとでも心に響くものがあったら、即「買い」です。一冊一五〇〇円、しかも一〇〇倍になって戻ってくると思えば、「カネに糸目はつけない」こと。実は同じ本を二冊買ってしまうという失敗もしょっちゅうですが、あまり気にしないことにしています。

また、本のキャッチコピーを記した帯の文句が面白そうだと思ったらすぐ買いますし、店員さんや出版社の人が書いたポップなどがついていたら、すぐに買ってしまいます。わたしはどうやら販促物のＰＲに弱いようです。

これはインターネット書店の弱点というか、今後の改善点の一つだと思うのですが、日本のアマゾンでは帯を取り外した状態で本の写真を載せています。アメリカの本にはそもそも帯がないからでしょう。書誌データとしては帯とほぼ同じ文言が掲載されていますが、文字に大小をつけ、色にメリハリをつけてデザインした帯は、視覚的に訴えかけてくるものが違います。帯には編集者が考え抜いた重要なポイントが宣伝文句として書かれているのですから、日本版でも帯が見られるようにしてほしいものです。

それだけでなく日本のアマゾンでは、裏表紙やソデの画像が見られる書籍がまだまだ少ないです。アメリカのアマゾンではすでに裏表紙やソデも見ることができるようになっているので、いずれ実用化されるでしょうが。

というわけで、実物の本を手に取って選べるのは、やはりリアル書店の大きなメリットです。わたしは書店に行くたびに必ず五〜一〇冊は買うので、いつも手提げ袋にいっぱいの本を持って店を出ることになります。たぶん店員さんにも顔を覚えられているのではないでしょうか。

ネット書店は便利ですが、やはり実際に手に取って本を選べるリアル書店では、思いがけない本との出逢いが期待できます。その点においては、リアルの書店に軍配が上がると思っています。

第2章のまとめ

・本は探す段階からこそ重要である。
・目的に沿って読む本を選ぶ。
・自分にとってやさしくて値段の安い本のほうが、すぐに役立つことが多い。
・学者や研究者が書いたような「教養型」の本より、著者が自分の経験から得たノウハウを述べた「経験型」の本を選ぶ。
・テーマが決まっているときは、「カテゴリー集中法」でその本を片っぱしから読め。
・本選びには、口コミ、メルマガ、書評記事、新聞広告、書評サービスなどを徹底的に利用する。
・ネット書店とリアル書店の特徴を知って、使い分ける。
・ネット書店は目的買いに便利、リアル書店は新刊を見つけるのに便利。

第 3 章

Leverage Reading

1日1冊、ビジネス書を戦略的に読破する

訓練不要であなたの読み方が劇的に変わる

習慣はすべて後天的なものであり、
幸いにも悪しき習慣は取り除くことができる。
つまり、十分な時間と労力をかけて学ぶことを
厭わなければ、誰でもどんな習慣でも
身につけることができるのである。

――ブライアン・トレーシー
『フォーカル・ポイント』

「刈り取る」（生産する）ことに熱中しすぎて、
「刃を研ぐ」（生産能力を高める）ことを
忘れている人があまりにも多い。

――スティーブン・R・コヴィー
『7つの習慣　最優先事項』

本を読む目的を明確化する

それでは、いよいよ実際に本を読む方法について説明しましょう。

すでにこの本をここまで読み進んだ方は、一刻も早く読み始めたいとウズウズしているかもしれません。

しかし、その前にしなくてはいけない大事なことがあります。それは、一冊の本ごとに、その本を読む「目的」を明確にしておくことです。

「目的？　いちいち大げさな」

と思うかもしれません。ふつう読書と言えば、ただの娯楽や、退屈しのぎであることも少なくないからです。世間の大半の人が、読書という行為をそんなふうに捉えているからこそ、「読書は時間が余ったらするもの→時間がないから本が読めない」という考えに結びつくのでしょう。何度も申しましたが、レバレッジ・リーディングにおいて読書は暇つぶしどころか投資そのものなのです。

もちろん目的があって買ったわけですが、ちょっと前に買った本だと、なぜ買ったのかを忘れているかもしれません。読み始める前に**もう一度その本を読む目的を明確にしてお**

▶ **読書の流れ**

本を読む目的を明確化
読むところと読まないところの見当をつける

↓

制限時間を設ける
本の内容次第だが、平均は1～2時間程度

↓

全体を俯瞰する
「まえがき」「目次」「あとがき」などをチェックし、本の全体像を頭に入れる

↓

読書開始
・緩急をつけて読む … 重要なところは熟読、他は斜め読み
・ポイントを押さえる … 線や印、書き込み、ドッグイヤーなどのマーキング

くと、重要なところと、そうでないところの**見極めがはっきりつくようになります。**したがって、どうでもいいところは捨てることができるので、**読むスピードが速くなります。そのうえで目的を意識しながら読むと、内容をよく吸収できるのです。**

もし、目的を確認せずに読み始めると、自分に関係ないところまでついダラダラと惰性で読んでしまいます。すると、どうしても読み終わるまで時間がかかりますし、無駄なところまで読むから大事なところの印象がぼやけてしまいかねません。

つまり、「読むところ」と「読まないところ」の見当をつけるためにも、目的を確認することは必要な準備なのです。

カラーバス効果とは？

読み始める前にこの本から何を得たいかをイメージしておけば、たとえ飛ばし読みをしていても、大事なところに差しかかったとき、何か引っかかる感じがします。

この感じをたとえて言うと、電話帳とか時刻表から必要な情報を探し出すような感じです。もしも電話帳や時刻表を目的も持たずに読んでいたら、どうなるでしょう。おそらく丸一日かかっても読み終わらないし、読むこと自体がものすごい苦行に違いありません。

しかし目的があると、自分の持っている課題や目的と照らし合わせて、役立つことを要領よく拾うことができます。なぜこんなことが可能になるのでしょうか。

それは、加藤昌治さんの『考具』（阪急コミュニケーションズ）の中に出てくる「カラーバス効果」説で説明できます。カラーバス効果とは、次のようなものです。

たとえば朝、家を出る前に「今日一日で、赤い色のものを何個見つけられるかな?」と思う。すると街に出たとたん、世の中はこんなに赤があふれていたのかと驚くほど、ポストや赤い文字の看板、赤い花など、赤い色のものが目に飛び込んでくるのです。もちろん、一晩で急に赤いものが増えたわけではありません。ただ意識しているとそれが目につくというわけです。ちなみにカラーバスのバスとはBATHのことで、「色を浴びる」という意味だそうです。

わたしにも、こんなことがありました。以前、ボルボのステーションワゴンを買ったときの話です。妻とドライブしていると、彼女が対向車線を眺めながら、「なんだか最近、妙にボルボが増えたと思わない？」と言います。

しかし、特にボルボが販売台数を伸ばしたという話は聞きません。つまり、妻はボルボに乗るようになったとたん、街を走っているボルボが目に入るようになったのです。これがカラーバス効果です。

カラーバス効果をうまく使うと、素早くページをめくっても、目的の箇所で目がとまります。そのためには読む前に目的を決める必要があります。と言っても、あまり深く考える必要はありません。シンプルに、イメージを描く程度でOKです。いちいち書き出したりすると、それだけで時間をとられるので心の中で意識するだけで十分です。

たとえば、成功した経営者の書いた本を読むなら、「自分が今すぐにマネできる点をできるだけ多く見つける」とか、あるいは話し方の本を読むなら、「実際の会話で使いたくなるようなフレーズに線を引く」といった程度でよいのです。読み始める前にそれを決めるのと決めないのとでは、理解のスピードと、脳への吸収率が明らかに違ってきます。それだけ人間の潜在意識の働きは大きいと言えるでしょう。

自分に合った読書環境を見つけよう

次に環境作りです。買った本を「どこで読むか」は、意外と重要です。お気に入りの場所が見つかると、読書の効率が上がるものです。

小学生ではないのですから、机の前で椅子に座って姿勢を正して読むことはありません。子どものころは、寝っ転がって本を読むと目が悪くなるといって叱られましたが、大人になった今は自分の好きなように読みましょう。とはいえ、視力が落ちないよう、やはり照明には注意してください。

本を読みやすい、不思議と集中できる場所が、誰にでも必ずあると思います。いろいろなところで試してみて、自分に合った場所を見つけてください。わたしはいつも早朝にバスタブに浸かりながら読みますが、それ以外にも、時間が空いたらいろいろなところで読んでいます。

たとえば、近所のスターバックスのテラス席がとても集中できるので、冬以外はコーヒーを飲みながら何冊か本を読む、お気に入りの場所になっています。夏はプールサイドやビーチで読むこともあります。

ビジネスパーソンにとって、本を読む場所として一番利用されているのは、通勤電車の中でしょう。通勤している人なら、必ず一定の時間、電車の中で過ごすわけですから、読書の習慣をつけるにはもってこいの時間ですし、適度な振動や周囲のざわめきがあるせいか、なんだか妙に集中できます。

さて、本を読む時間帯はいつごろがいいでしょうか。

もちろんいつ読んでもいいのですが、**バラバラな時間帯に読むよりも、毎日何時から何時までというように事前に時間を決めると、習慣になり、継続しやすいと思います。**

読書にふさわしい時間帯は人それぞれですが、わたしはやはり朝一番をおすすめします。夜はアルコールが入っていることも多いですし、眠る前に仕事に関係のある本を読むと、目が冴えて眠れなくなることもあります。慣れるまでは大変かもしれませんが、いつもより一時間早く起きて、入浴しながら本を読むのはどうでしょうか。それに、どうせお風呂には入るのですから、その時間に本を読めば時間の節約になります。

わたしは昼間はまとまった時間をとるのが難しかったため、思い切って朝五時に起き、お風呂に入りながら読むことにしました。この時間帯なら仕事の電話もかかってこないし、集中して読むことができるだろうと考えたのです。しかも、習慣であるお風呂に入るという行為に合わせて行えば、三日坊主になりにくいだろうと考えました。その結果、このやり方が性に合っていたようで、今ではすっかり早起きと読書が習慣になりました。

わたしは油断すると、すぐダラダラして時間を浪費してしまいます。それが自分でもよくわかっているので、朝一番の読書を自分に課しているのです。今ではこの朝の読書は、わたしのリズムを調整してくれる、大事なペースメーカーになっています。

もちろんバスタブで読むのですから、本を濡らしてしまうこともありますし、湿気で紙が反ったりします。しかし、そんなことは気にしません。後ほど詳述しますが、「本はボロボロになるまで使い倒すべし」というのがレバレッジ・リーディングのポイントの一つでもあるからです。

良いビジネス書には、人を勇気づけ、やる気にさせる力があります。読んでいるうちに、だんだんモチベーションが上がり、気合いが入ってくる。そうやって朝一番にモチベーションを上げておくと、その日一日、積極的な気持ちが続くのです。元シアトル・マリナーズの長谷川滋利投手も、大変な読書家です。以前、彼と話したときに聞いたのですが、彼も野球やスポーツ関連書ではなく、ビジネス書をモチベーションのキープや勉強のために、常に読むのだそうです。

また、早起きの効用は多くのビジネス書に書かれていることでもあります。一日が長く使える、ポジティブな気持ちが持てるなど、いいことずくめです。仕事ができる人は、たいてい早寝早起きです。もちろん夜は、何もなければ九時ごろに寝てしまうようになりました。そうして朝五時台に起きて本を読むことも、歯を磨くことと同じで、習慣にしてしまえば、まったく苦にならなくなります。

良いビジネス書を読むと、モチベーションがグッと上がります。朝一番にやる気を出せば、その日一日、「攻め」の姿勢で仕事ができる。これを一年間続けたら、相当の力がつくに違いありません。「今日は本を読まなかったので、なんだか気持ちが悪い」と思えるようになったら、しめたものです。**朝の読書は、日々のモチベーションや仕事のリズムを作るペースメーカーの役割を果たします。**ぜひ試してみてください。

習慣に合わせて本を読む

読書はどこでもできます。机に向かい、椅子に座らなければ、読書はできないなどということはありません。本は、パソコンと違ってバッテリーやコンセントすら不要です。通勤電車の中でもいいし、寝る前のベッドの中でもいい。わたしのようにバスタブの中でもいい。どこでだって読めるものです。

だからこそ、その気になりさえすれば、けっこう時間は見つかるものです。本当は集中して読むために、ある程度まとまった時間を確保するほうがいいのですが、最初のうちは三〇分、なんなら一五分でもいいでしょう。どんなに忙しくても、この数十分がとれない人はいないはずです。

たとえばダラダラとテレビを見たり、お酒を飲んだりしていると、一、二時間くらいはあっという間に過ぎてしまいます。この時間を読書に回すだけで、一五万円が稼げると思えば、喜んで読書をしたくなるはずです。

本を読むときは読むことだけに集中し、それ以外のことをするのは邪道だと思われる方も多いと思いますが、そのように考えるから、読書がおっくうになるのです。わたしは、この「邪道」をどんどん取り入れるのが、重い腰を上げるコツだと思います。何かしながら読めるものなら、どんどんそうしたほうがよいでしょう。アメリカのスポーツクラブでは、ステッパーを踏んだり、エアロバイクをこいだりしながら、本を読んでいる人がたくさんいます。

一番いいのは、わたしが毎朝決まった時間に風呂に入りながら本を読むように、**すでに生活の一部分となっている習慣と、読書とを組み合わせてしまうことです**。たとえば、会社勤めの人なら、通勤で電車に乗っている時間は読書の時間と決めれば、出勤するたびに確実に本が読めるというわけです。

たとえ朝は電車が混んでいて読めなくても、昼休みに一冊の半分を読み、帰りの電車でもう半分を読むとか、いくらでも工夫できるでしょう。肝心なのは習慣にして続けることです。続けなければ効果はありません。

時間は誰にでも平等に二四時間与えられるものです。「読む時間がない」と言わずに、工夫して本を読むための時間を作ってください。

制限時間を設ける

忙しいビジネスパーソンが仕事をしながら読書をするには、工夫が必要になってきます。その工夫の一つとして、一冊の本を読み始める前に、「この本は、だいたいこれくらいの時間で読み切ろう」とわたしは決めています。

読書に制限時間を設けることは、ふつうはあまりしていないでしょう。自然と一冊読み終わるまで、成り行きに任せているはずです。しかし、**時間が無限にあると思うと、余計なところまでも読んでしまい、とうてい数をこなすことができません。**そこで、「何時までに読み終える」というタイムリミットの設定が必要になります。

わたしがアメリカ留学中に、短期間で分厚い英語の資料を読む必要に迫られたことは、先にお話ししました。まともに読んでいたらとても無理な量でしたが、ポイントとなるところだけを集中して読んだら、かなり内容を理解することができたのです。

もし「いつまで」という期限がなく、「いつでもいいよ」と言われていたら、おそらく半分も読めなかったに違いありません。人間は追い込まれないと、今まで以上の力を発揮することは難しいのです。

それでは、どれくらいの制限時間がふさわしいでしょうか。わたしは基本的に、だいたいどんなものでも一時間から二時間で読もうと決めています。と言っても、一冊につき一時間程度で十分なのは、およそ次のような本に限ります。

●すでに持っている知識を強化するための本
●成功体験・経験談
●自己啓発、モチベーションを上げるための本

これらの本は、たいてい一時間もあれば十分です。

しかし、まったく新しい分野の本に挑戦するときや、厚い本のときは二時間程度と、少

し多めに時間をとるようにしています。英語の本も時間がかかります。制限時間を設けても、本に夢中になっていると、いつの間にか時間をオーバーしてしまいます。また、時間ばかり気にしてチラチラ時計を見ながらでは、気が散ってしまい、読書の効率が落ちるでしょう。

最初のうちは時間感覚をつかむために、タイマーをセットしておくといいかもしれません。そのうち本に集中しながらでも時間の経過がわかるようになります。通勤時間がちょうど一時間であれば、その中で一冊読み終わるようにすると、うまいペース配分ができるでしょう。片道三〇分なら、前半と後半に分けてもいいと思います。

ちなみに、わたしがバスタブの中で一冊読むようにしているのは、一時間以上入っているとのぼせてしまうから。いやおうなしに制限時間を守ることになって、一石二鳥というわけです。

一六％をつかめばＯＫ

制限時間内に読み終わろうとすると、当然、一冊の本を最初から最後まで読むことはできません。かなりの部分を読まずに捨てることになります。

▶本の16%を理解せよ

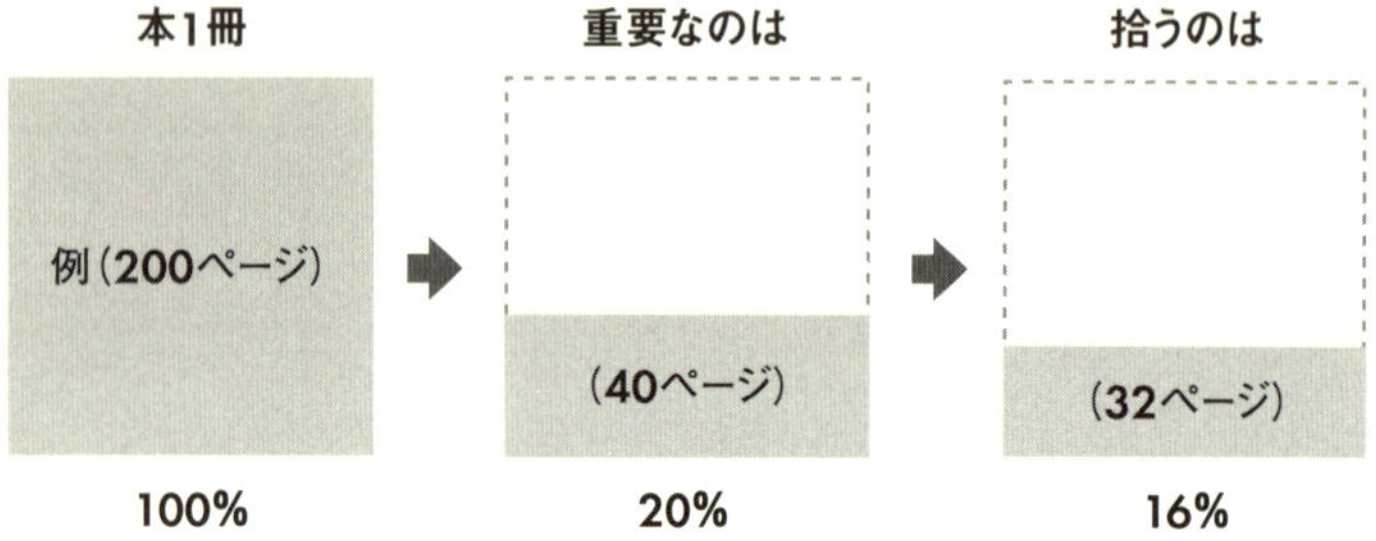

「もしその捨てた部分に重要なことが書いてあったとしたら？」

と思うと、不安になるのはよくわかります。重要なところを飛ばしてしまうことは、もちろんありえます。しかしそれは、仕方のないことだと割り切ったほうがよいでしょう。と言うより、読まないことが大事なのです。

漫然と読んでいると、結果的に時間がかかるからです。それに何日もかけて読んでいると、前に読んだところを忘れてしまい、効率が悪くなります。

たとえば、「重要な一〇〇項目を全部拾ってみせる」という意気込みで読んだとしましょう。しかし、その一〇〇項目すべてを読んだところで、一つ残らず実践で役に立つかといったら、決してそんなことはないのです。

極論を言えば、一〇〇項目すべてを抜き出して、一つも身につけないよりは、重要な一項目だけを抜き出して、それを実践するほうが、リターンを得られるのです。ささいな取りこぼしを気にしてスピードが遅くなるよりは、より少ない労力で大きなリターンを上げることに集中したほうがいいはずです。

詳しくは次節で説明しますが、基本的に重要ポイントは本の二割くらいしかありません。そして、その重要ポイントの八割を拾えれば良しとします。本一冊で一〇〇%、重要なポイントは二〇%でしかなく、そのうちの八〇%を抽出するわけですから、その量は全体の一六%になります。二〇〇ページの本としたら、わずか三二ページ分がその総量になります。

残りを深追いすることに時間をかけることは避けてください。新しい本の重要ポイントの八割を探すほうが早いし、実りが多いからです。多少取りこぼしがあっても、たくさんの本を読みこなすことで、もっと多くのものが拾えますし、ひいてはより多くのリターンが得られるので、心配は無用です。

レバレッジ・リーディングはあくまでも投資活動なのですから、単に本を多く読みこなすというのではなく自分の課題や目的・目標にとって必要な情報だけが得られれば、それで十分なのです。完璧主義を捨てること。それが第一歩です。

八〇対二〇の法則を読書に応用する

ここまでの説明を裏づける理論に「八〇対二〇の法則」というものがあります。これは読書効率を上げるうえでも大変参考になる考え方です。

これはイタリアの経済学者、ヴィルフレド・パレートが提唱したもので、「イタリア国民全体の二割が、イタリア全体の八割の富を生み出している」という有名な法則です。不思議なことに、この法則は、あらゆることに当てはまります。

たとえば、ある会社に社員が一〇〇人いたとします。彼らの働きぶりを分析してみると、そのうち本当に優秀なのは、なんと一〇〇人中二〇人だけ。彼らが売上の八割を稼ぎ出すのです。また、あるお店の売上が一〇〇だとしたら、売上の八〇%を占めているのは、全体のわずか二〇%のお客さんの消費によるものだそうです。

「八〇対二〇の法則」が当てはまるのはそれだけではありません。たとえば、ある仕事をする場合、その仕事を終わらせるのにかかる時間のうち、二割の時間で成果の八割を得ることができると言われています。

読書にも、この法則は当てはまるように思います。つまり、読書を投資と捉えれば、本から得られるリターンの八〇%は二〇%を読むだけで得られるということです。したがって、一冊の本を全部隅から隅まで読まなくても、わずか二割を読むだけで、その本の著者が本当に主張したいことはほぼわかると言えます。

ふつうは、「一行残らず全部読まないと、その本を読んだとは言えない」と思いがちです。しかし、全体を理解する必要はありません。二割を読めば、その本の八割は理解できるのですから、飛ばし読みでも十分なことがわかるでしょう。大事なことは、自分にとって必要な情報を選別することです。

また、これは本の冊数にもあてはまります。現にわたしは年間約四〇〇冊の本を読みますが、人にすすめたいと思うようなすごくいい本は、八〇冊くらいしかありません。ということは、まさしく読んだ本全体の二割です。

もし残りの三二〇冊を一ページ目からずっと読んでいたら、どうでしょうか。週一冊読んだとしても、それだけで六年もかかってしまううえ、得られるものはほとんどないことになります。

それでも、まだ全部読まないと気がすまないという人は、試しに一冊の本をザッと斜め読みしてください。その後で、じっくり最初から読んでみてください。おそらく、二度目のときにはたいして新しい発見がないはずです。

書店で立ち読みしたときは、ものすごく面白い本だと思ったのに、家でじっくり読み直してみたら、それほどでもなかったという経験はないでしょうか。それは、書店でその本の重要な八割を読んでしまったということかもしれません。

もっとも「八〇対二〇の法則」は、すべての本について当てはまるわけではありません。もしこれが受験勉強や資格試験の参考書だったら、一ページ目から順番に読んでいく必要があります。試験で良い点をとるには、そこに書かれている重要なポイントの一〇〇％を理解する必要があるからです。

しかし、ビジネス書はいかに実践に役に立てるかがすべてです。自分がすでに知っていることや、自分の仕事に関係ないことを読んでも、あまり意味はないのです。たいした内容がない本に時間をかけるほど、無駄なことはありません。

当然のことながら、本は基本的に万人に向けて書かれたものであって、あなた一人のために書かれたものではありません。一〇〇％、自分にとって必要なことが書かれているとは限らないのです。それに引き換え、時間は限られています。忙しいビジネスパーソンにとって、時間が貴重なものであることは言うまでもありません。

レバレッジ・リーディングは単なる読書ではなく、投資活動です。したがって、効率的な読み方をすればするほど、リターンが増えることになります。まずは「本は最初から最後まで、じっくり読むものである」という常識を捨てることが、多読の第一歩です。

なお、「八〇対二〇の法則」についての詳細は、リチャード・コッチの『人生を変える80対20の法則』や『楽して、儲けて、楽しむ　80対20の法則　生活実践篇』（いずれも阪急コミュニケーションズ）を読んでみてください。

それでは、素晴らしく良い本にめぐり逢ったときはどうでしょうか。良い本なら特別にじっくり五時間くらいかけるかというと、そんなことはありません。読書にかける時間は同じで、だいたい一時間です。原理原則を書いたような良書は自分のレベルやステージに応じて何回も読むことがありますが、それは例外的なことです。次章で説明しますが、それより重要な部分に線を引いて、そこだけを後で読み返して実践するほうが、確実に身につきます。

一冊の内容を俯瞰する

目的を明確化し、制限時間を設定したら、次は本文を読む前に本全体を俯瞰するためにザッと眺めます。

わたしが最初に必ず目を通すのは、カバーのソデや奥付にある著者のプロフィールです。

書店での本選びのときにも、著者がどんな人かをチェックしますが、買ってから時間が経つと忘れていることも多いので、実際に読み始める前にもう一度確認します。なぜなら、著者がどんな人なのかによって、ある程度、中身が想像できるからです。著者が実務家なら、現場ならではのエピソードや知恵が綴られているでしょうし、学者や研究者なら、学術的な知識が得られるでしょう。

次に、帯を読み、カバーの表ソデを読みます。それから「まえがき」を見て、「目次」を眺めます。目次にペンでチェックをつけることもあります。そして最後の「あとがき」を読む。それだけでも大枠のイメージが見えてきます。本文を読み始める前にこれだけ頭に入れておいて、ここで、この本を読む目的を改めて確認します。

これで自分にとって重要なポイントをつかむためのベースができ、カラーバス効果のようにポイントが自然に目について見つけられるようになります。それからようやく本文に入るというわけです。

一ページ目から読み始めず、この一手間をかけることで、格段に効率的な読み方ができるようになります。

ちなみに、わたしは最初のほうが面白くない本は、さっさと読むのをやめることにしています。序章というのは、たいてい中身をわかりやすくまとめた、映画でいえば予告編のようなものです。したがって、序章が面白くない本は、あまり期待できないと思っていいでしょう。ここを過ぎても、イメージした目的に何も引っかからないなら、あとはパーッとめくって終わりにしてしまいます。

また本によっては、最初に経済や政治など社会の背景が書いてある本があります。そのあたりは飛ばしても一向にかまいません。単なるページ数稼ぎや権威づけであったりすることも多いからです。

また、本書もそうですが、章のはじめや終わりに、その章の内容が「まとめ」として箇条書きになっていることがあります。そこにエッセンスが集約されているので、そこだけ先に読むのも一つの方法です。また、本文の中でポイントを太字にしてある本もあります。そこに注目して読むのも理解を助けます。

ダメな本はすぐ捨てる

年間四〇〇冊も読んでいると、ときには箸にも棒にもかからない、ほとんど得るところのない本を買ってしまうことがあります。どんなに本選びの精度を上げたところで、ある程度、避けて通れないことです。たくさん読もうとすれば、それだけハズレをつかむ確率も高くなるからです。

注意したいのが、つまらないと思ってもガマンして読み続けてしまうことです。「どうもこの本はハズレだ」と思ったら、すぐに読むのを中止してください。雪山登山と同じで、「引き返す勇気」が必要です。もったいないと思うでしょうが、一五〇〇円程度です。時間のほうがもったいないです。後半にいいことが書いてあるかもしれないと思うかもしれませんが、書いていない確率のほうが高いと思います。そのあたりは自分のセンスを信じてください。ダメ本は早く切り捨てて、次の本に取りかかるのがコツです。それよりは次にもっと良い本を読んで一五万円を稼いだほうが投資として効率がいい。

効率的な読書をするには、いかに無駄な部分を捨てる勇気を持つかがポイントです。一五分くらい読めば、ダメな本かそうでないかの判断はつきます。たとえば最初の十数ページを読んでも、線を引くところが全然ないような本。この状態がその後も続くようなら、それ以上無理して読んでも、時間がもったいない。

レバレッジ・リーディングはそもそも読書ではありません。投資活動です。だからこのような判断が必要なのです。「捨てる」というのは、読むのをやめるという意味だけではありません。文字どおり、ゴミに出して捨てるのです。

一昔前、本は貴重品でした。偉い人が書いたありがたいものでした。わたしの親の世代は、畳の上にあった本をまたいだだけで怒られたと言います。まして足で踏んだりするなんて、バチがあたると言われていました。その精神は今も残っています。本を捨てることに抵抗がある人も多いでしょう。しかし、「ダメ本」は、どんどん捨てるのが多読のコツです。

よっぽど広い家に住んでいる人なら別です。しかし、年間四〇〇冊となると、ほとんど毎日のように本を買うことになります。油断していると、あっという間に床が本で見えなくなってくる。どんどん捨てなければ、新しい本を入れるスペースがありません。「そのうち、古本屋に売ろう」と思うかもしれませんが、残念ながら古本屋に引き取ってもらうことはできません。

レバレッジ・リーディングでは本を徹底的に汚すのが前提だからです。また、内容が良くないことがわかっているので、他の人にあげることもしたくない。それだけ相手の貴重な時間を奪ってしまうことになるからです。

読んだ本をどう整理・分類し、活用するかについては、次章で説明しますが、とりあえず「本はどんどん読んで、ダメな本はどんどん捨てるものだ」と頭を切り換えておいてください。

本のストックを切らすな

もしハズレだったときはすぐ次の本に移れるように、わたしはいつも未読の本を三〇冊くらい予備として用意しています。そうすれば、時間が有効に使えるからです。

また、「悪い本じゃないけど、どうも今の気分じゃないな」とか、「自分の目標や現状の課題にマッチしていないな」ということもあるでしょう。そんなときは、少しインターバルをおいて、何日か後に読むと不思議にスッと頭に入ることがあります。

わたしが読むのは年間約四〇〇冊ですが、実は買う冊数は常にそれより多くて、六〇〇冊くらいです。もちろん大量に買ってきたすべての本を、順番に読むわけではありません。「買った順番に読まなければ」などと思うと、義務になってしまいますから。

一〇冊買ってきたら、本当に面白いのは二冊といったところです。だからこそ、いつも未読の本を最低一〇～三〇冊はストックしておく必要があるのです。わたしが多く本を買うのはそのためであったりもします。

「ちょっとピンとこないな」と思ったら、ひとまず読むのをやめます。そして、次の本に移る。そのためにも、常にスペアを手元に置いておく必要があります。

だからわたしは毎朝風呂に入って読書するときも、必ず予備を二〜三冊持って入ることにしています。ふと時間が空いたとき、新鮮な本が手元にあれば、すき間時間をうまく利用することができる。そのためにも本のストックを切らしてはいけません。

読むのをやめた本でも、その日たまたま気が乗らなかっただけで、後日手に取ったら面白く読めたということもあります。だからすぐに捨てるわけではなく、一定の期間は保管しておきます。

「単なる本」を「収益を上げる資産」に変える

一般的に、本を汚すことはタブー視されています。しかし豪華な装幀の愛蔵版や、敬愛する作家の全集ならともかく、本を新品同様に保つ努力など、多読術ではまったく無駄なことです。

必ず読みながら重要なポイントに線を引き、印をつけ、ページの角を折ってください。そうすることで、「単なる本」から「収益を上げる資産」にするのです。

まず読みながら、重要だと思ったところに線を引きます。だいたいでいいのです。定規できれいに引こうなんて思わないこと。引き方についても、このペンでなければダメだとか、波線と破線を使い分けるとか、ルールを複雑化しないほうが長続きします。線を引く筆記具はなんでもかまいません。わたしはいつもそこらへんにある筆記具を使います。赤ペンや蛍光マーカーのときもあるし、黒ボールペンのときもあります。要は自分がわかれば、それで十分なのです。

さらにとても重要だと思ったところは☆印をつけます。線を引く部分が多いときは全部引くのも大変なので、四角で囲みます。

そして線を引いただけではダメで、必ずそのページの角を内側に折ってください。そうすれば、後からでも、すぐにそのページを開けるからです。ちなみにページの角を折るのを、英語でドッグイヤー（犬の耳）と言うそうです。

角を折らずに付箋を貼ってもいいのですが、わたしは付箋を用意したり、貼ったりするのが面倒なので、折ることにしています。だから折り目がたくさんついていればいるほど、わたしにとっては素晴らしい本ということです。本当に役立つところは、二重に折ります。こうするとページとページのすき間が空くからすぐ「ここだ！」とわかります。

本はとにかく汚して、ボロボロにするべきです。汚くするのが、本に対する愛情の示し方です。

また、文章のどこに線を引くかについて、決まりはありません。国語の授業ではないの

▶本の重要なところをマークせよ

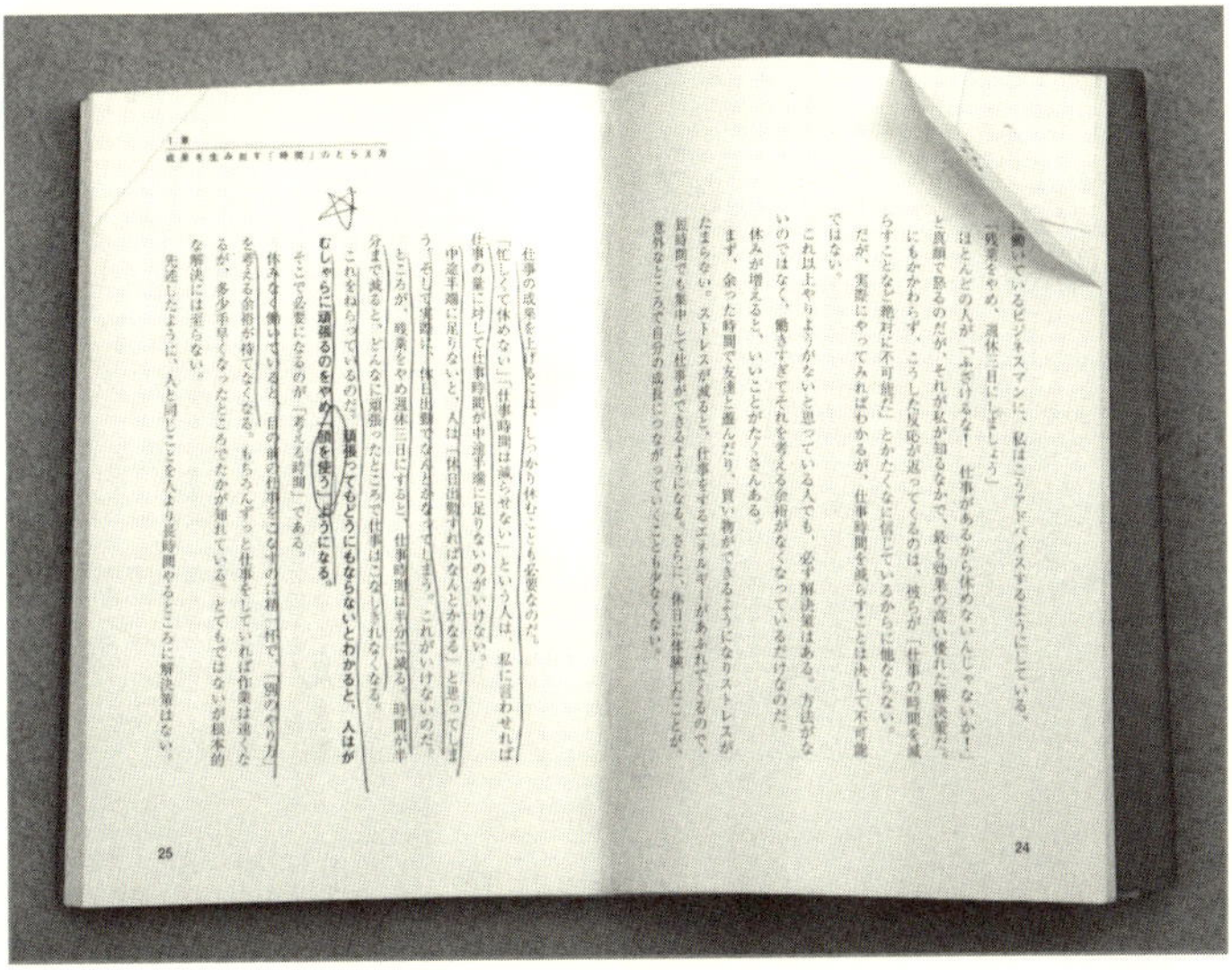

で、どこが重要かは人によってまったく違うからです。

たとえば、こんなことがありました。わたしがある人に、大橋禅太郎さんの『すごい会議』（大和書房）という本を見せたときのこと。たまたま、その相手も同じ本を読んでいる最中でした。

するとその人は、わたしが線を引いたページを見て、

「えーっ、ふつう、こんなところに線を引くかなあ」

と驚いています。

わたしが線を引いたのは、「そのとき、たまたま外にいたホットドッグの屋台を社内に引き入れて、会社

のみんなでホットドッグ食べ放題パーティーをやった」というくだり。

というのも、わたしはこのあまりにも常識外れな経営陣のノリに興味をかきたてられたからです。このくらい突拍子もないことをやると、社内にインパクトを与えるし、ワクワクするなと思ったからですが、その人が面白いと思ったのは、まったく別の箇所だったらしいのです。

なぜこんなことが起こるかというと、わたしが経営者の視点で会社を盛り上げるための面白いアイデアはないかなと思いながら読んでいたのに対し、その人はフリーランサーだったので、また違った視点で読んでいたためでしょう。

つまり、**同じ本を読んでも、どこに線を引くかは、人によってまったく違います。模範解答はありません。違うからこそ、それぞれの人のパーソナルキャピタルとなり、役に立つのです。**

余白にどんどん書き込め

ペンを片手に線を引きながら読んでいると、いつもいろいろなことを思いつきます。それは本の内容に直接関係あるときもあるし、まったく関係ないときもあります。脈絡なく

▶余白にはどんどん書き込む

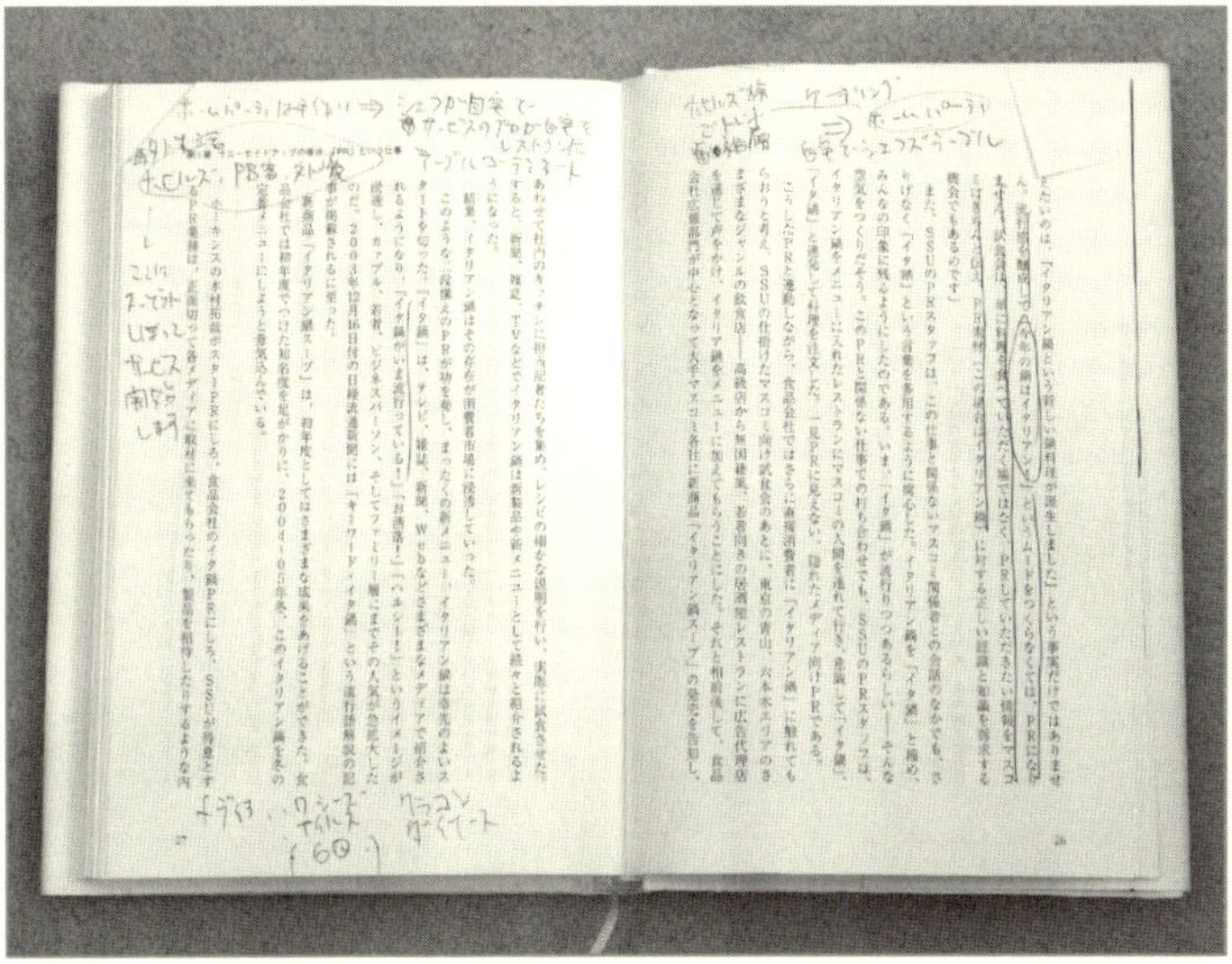

さまざまなことが頭に浮かぶのは、おそらく脳が刺激を受けるからでしょう。

このときに思いついたことを「あとでまとめてメモしよう」と思っても、絶対に無理です。すぐに忘れてしまうに決まっています。それでは、あまりにももったいない。

本を読んでいてひらめいたアイデアや、著者の主張に対する自分の考えは、余白や白紙のページにどんどん書き込むべきです。メモやノートを用意して書くのも非効率です。

投資としての読書のコツは、自分の身に置き換えて読むことです。「自分だったらどうするか」をシミ

ュレーションしつつ読んでいくと、アイデアがどんどん出てきます。それを全部、本に書き入れます。

もちろん、これも汚い字でかまいません。人に見せるものではないので、自分さえわかればいいのです。きれいな字で書こうなんて余計な気遣いをしたとたん、思考にブレーキがかかってしまいます。見た目にとらわれず、自由に書き込んでいくのがコツです。

そして、投資の効率を上げられるかどうかは、本からどれだけノウハウを得られるかにかかっています。そのために不可欠なのが、読む前に「この本から自分が得られるものはこういうものなんだな」とイメージすること。そして、読みながら実際に今の自分に置き換えてみることです。「自分だったら、どうするだろう」とか、「こうしたらいいかな」と真剣にシミュレーションするのです。そのために読むのが止まっても、まったくかまいません。さらに読書の途中で、本の内容と違うことを考え始めても、それが仕事に役立つアイデアならどんどん進めるべきです。

本を読む目的は、「投資活動としてリターンを得る」ことなのですから、アイデアがわいてくるのは大歓迎です。それをそのまま本に書き込んでしまいましょう。

次章で説明するように、書き込みは、後日メモの形で整理するので、せっかくのアイデアが本のなかに埋もれっぱなしになる心配はありません。

ボロボロになるまで使い倒せ

なぜわざわざお金を出して本を買うのか。図書館で借りてはいけないのか。知人が貸してくれた本ではダメなのか。それは完全に自分の所有物にするためです。

レバレッジ・リーディングにおいては、「本は自腹で購入」が基本です。将来の一五万円を得るためには、一五〇〇円を惜しんでいる場合ではありません。たまたま図書館で借りた本が面白かったら、自分で買い直すこと。ボロボロになるまで、本を使い倒すためです。借りた本では、それをすることができません。

たとえば通販のカタログや、テレビ番組の雑誌、住宅情報誌などを、汚れないようにきれいに保存する人はいないでしょう。きっと、ほしい商品が載っているページの端を折り曲げたり、録画する番組に蛍光マーカーで丸印を入れたり、気に入った物件の情報にサインペンで印をつけたりするのではないでしょうか。

ビジネス書も同じことです。どんどん汚して、自分が読んだ足跡を残すことが大事です。重要なところにペンで線を引き、ページを折る。重要な範囲が何行にもわたったら線で囲む。☆印を書き込むこともあります。そうしないと、読み終わってしばらくすると、大事だと思ったところが再び活字の中に埋もれてしまうからです。

先にも書きましたが、**人によって目標や現状の課題が違うので、当然重要だと思って線を引く場所や、ピンときてアイデアを書き込む内容もまったく違うと思います。みなさんそれぞれがつけた足跡が、その人の資産になるのです。**

さらに言えば、本はノートにもなります。ノート代わりに、その本を読みながら思いついたことをどんどん余白に書き込むのも、のちのち役に立ちます。

そんなふうにして「使い倒した」本が数冊たまったら、今度は線を引いたところだけを自分なりに編集して、「究極の本（レバレッジメモ）」を作るのです。この作り方と活用法については、次章で説明します。

一ページ目からじっくり読まない

そして、一般の読書の常識を裏切ることをもう一つ紹介しましょう。それはすべてのページを完全に読まなくてもいいということです。

ビジネス書とは、言ってみれば「仕事の実用書」です。料理の本やペットの飼い方やガイドブックなどと同じ、実用書の一種だとわたしは思います。

たとえば、料理の本を最初から最後まで順番に読む人はいないでしょう。自分の作りたい料理のページだけを、いきなり読み始めるはずです。ビジネス書も「仕事の実用書」なのですから、飛ばし読み、拾い読みしたところでかまわないのではないでしょうか。

一字一句塗りつぶすような読み方しかしてこなかった人は、この読み方に抵抗を覚えるかもしれません。しかし、レバレッジ・リーディングはふつうの読書ではなく、一〇〇倍のリターンを得るための投資ですから、効率よく読むことが大事なのです。

一ページ目からじっくり読まないでいいと言うと、「斜め読み」だと思うでしょう。「斜め読み」というと「内容を理解しない、いいかげんな読書」というイメージがあります。しかし、斜め読みがレバレッジ・リーディングでは正解です。

単なる斜め読みでは頭には残らないでしょうが、レバレッジ・リーディングでは最初に目的を明確にした、いわばプレリーディングをしていくという形の斜め読みなので、大丈夫です。それどころか、わたしはほとんど「ヨコ読み」ということをしています。

この方法は、段落の最初の行を少しペースを落として読んで、重要なポイントがありそうかどうかを感じたうえで、三～五行をいっぺんに固めて読み、何か引っかかったところでスピードを落とし、じっくり読むというものです。

なぜなら、一冊の本のすべてが、自分にとって必要な情報であるわけがないからです。

もちろん、多くの本を読んでいくなかで、自分にとっての愛読書も何冊か生まれるでしょう。そのような**本当にいい本は繰り返し読むべきです**。わたしにとっては、デール・カーネギー『人を動かす』（創元社）という自己啓発書の古典とも言える本がそうです。何度も読んでは、常に新たな発見をさせられます。

しかし、現在わが国で流通している本の数は、全部で六〇万点にものぼるそうです。しかも、それに加えて毎日三〇〇点ほど新刊が出ていると言います。

良い本も悪い本もまんべんなくゆっくり読んでいたら、良い本を読む時間がなくなってしまう。だからこそレバレッジ・リーディングが必要になってきます。良い本をじっくり読む時間をとるためにも、無駄な情報は切り捨てるべきなのです。

ところで、速く読むことを目的とした速読術では、一定のリズムで読むことを重視するそうです。しかし、**レバレッジ・リーディングでは、読むスピードに「緩急をつける」ということに重点を置きます**。

自分で重要だと判断したところはゆっくり読むし、それ以外は猛スピードで飛ばすというように、「緩急」をつけることです。速く読むことだけを目的にすると、何が何だかわからなくなってしまうからです。速く読むことが目的ではなく、重要なポイントのみを拾っていくことが重要なのです。

▶斜め読みのイメージ

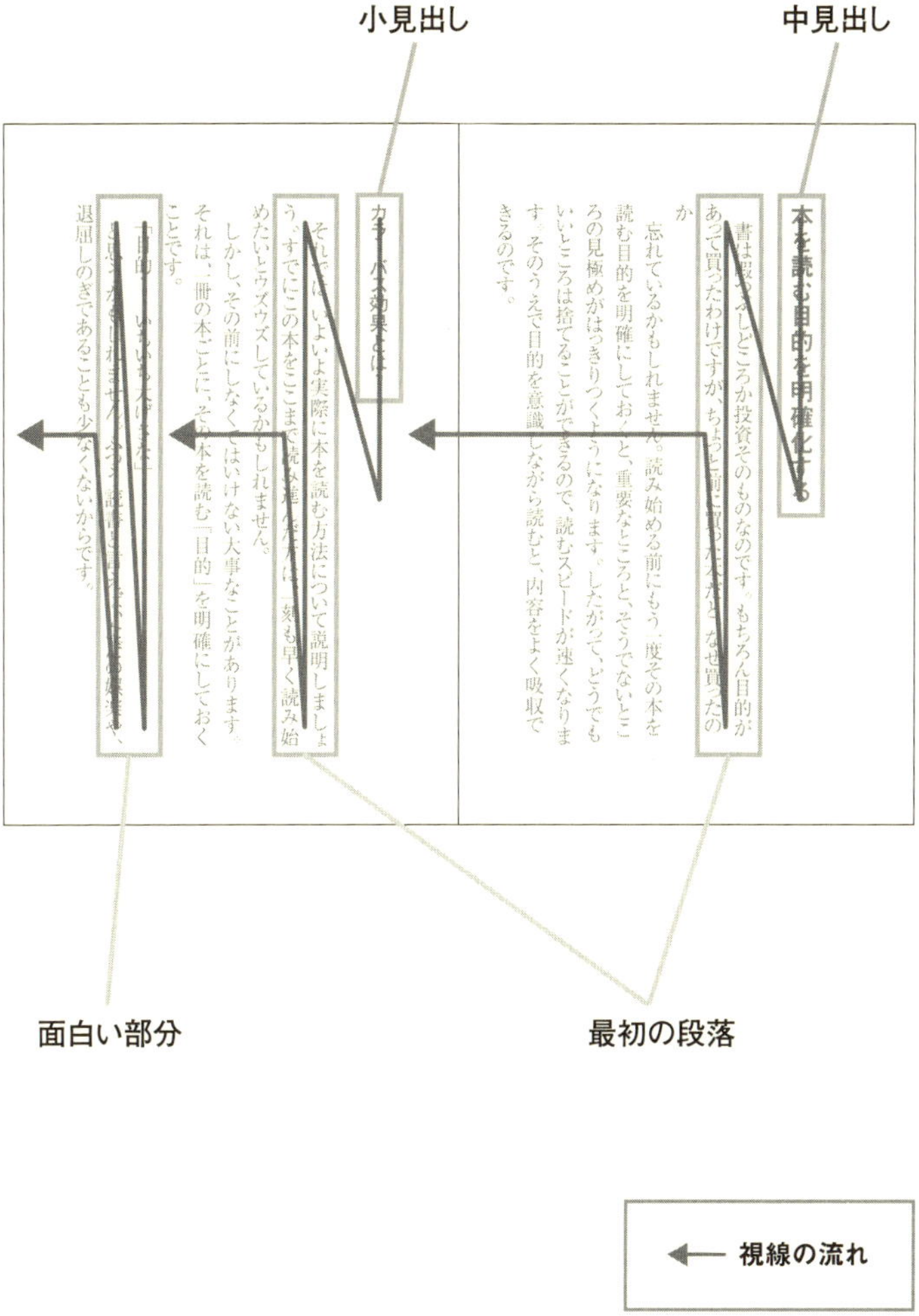
小見出し
中見出し
面白い部分
最初の段落
視線の流れ

まず、二〜三行のかたまりを一気に読む。三行いっぺんに読むというのは、斜め読みどころか、ほとんど横に読むのと同じです。

しかし、そうやって読んでいても、「ん？」と引っかかるところが出てくる。活字のなかで、そこだけ太く、濃く見えるというか、浮き上がって見えるような気がするのです。そこで、スピードを落とし、ふつうの読み方にします。

これが前述した「カラーバス効果」です。読む前に「目的」をはっきり明確化しないと、こんなふうに活字のほうから呼びかけてくれません。

そしてタイトル、太字、囲み、まとめの部分などは比較的ゆっくり読みます。やはり興味があるところは深く理解しようと思うので、遅くなりますが、それで結構です。

「自分の知りたかったのは、まさにこれだ」と思ったら、思い切り立ち止まって、考えを深めてください。それをしても、せいぜい一〇分くらいのものです。

逆に、これはどこかで読んだな、というところは思い切って飛ばします。その繰り返しで、一冊を読み切るのが多読のパターンです。

まず週一冊から始めよう

わたしは今、平均して一日に一冊か二冊の本を読んでいます。多いときは三〜四冊読むときもあります。これを一年三六五日、よほどのことがない限り、ほとんど毎日行っています。

しかし、絶対にこのペースで読むべきだというつもりはありません。コツをつかまないうちからこのペースで読むのは負担が大きく、読書そのものに嫌気がさす危険があります。まずは、本を読むのを習慣にすること。そのためには、はじめからあまりハイスピードで飛ばさず、ゆっくり読み始めるのがコツです。

そして、より大事なのは生活のリズムに読書を組み込むことです。目安としては、一週間で一冊読み終えることを目標にするとよいでしょう。やがて、三日で一冊読めるようになり、一日で一冊読めるようになります。

また、読んだ本の数字を記録するのもいいでしょう。小学生時代にマラソンで何周走ったかをメモしたり、ダイエットでも毎日の数字をメモしたりなど、数を残すことは、読書の励みになります。

ちなみに、わたしは週間予定表をつくって、スケジュールをあらかじめ決めています。ビジネス、自己投資、フィットネス、睡眠、食事……にそれぞれ何時間ずつかけるのか、大まかな割り振りをします。その中で、この時間に読書をするということも必ず書き込んでいます。そして、最初のころは、毎日の睡眠前に一日を振り返って、スケジュールどおりの時間配分で一日が過ごせたかを「時間家計簿」として家計簿のように記録していました。

このようにすることで、無駄な時間を節約し、自己投資への時間を作り出すよう、常に意識できるようになります。**「余っている時間にでも……」と思っているようだと、なかなか時間がとれないように思います。**レバレッジ・リーディングは時間が肝心なのです。

もちろん一日で一冊といっても、一日中ずっと読書だけをするわけではありません。一日のうち、たった一時間で一冊を読み終えるようになるのです。

読書体験を積み重ねていくと、だんだん「この本のキモはここだな」というのが即座にわかるようになります。そうすれば、どうでもいいところは読まずに飛ばせるようになるからです。

また、読書を続けていると、複数の本の中に、どこかで読んだような手法や考え方が何度も出てくることがあります。多くの人がそのノウハウや考え方について述べるということは、それが原理原則であることの証拠であるとも言えます。

たとえば、「人生で成功しようと思ったら、目標を明確にして、紙に書いて貼れ」というのは、どのビジネス書や成功原則の本に頻繁に出てくる考え方で、これは疑いようのない真理です。しかしこの話が出てくるたびに、初めて読んだときと同じスピードでじっくり読む必要はまったくありません。したがって、「ああ、あれだな」というようにサッと飛ばせる。それでも頭の中に刷り込まれて、条件反射的に自然に実行するように身についてきます。

まずは一週間で一冊を目標に、できるだけやさしくて、読みやすい本から挑戦してみてください。多く読めば読むほど、その効果が見えてくるはずです。

第3章のまとめ

- 本を読む前に、「この本から何を学ぶか」とはっきりさせておく。そうすれば重要なポイントがよく目に入るし、余計なところを読まずにすむ。
- 一日の生活のリズムに読書を組み込む。
- 読書時間は意識的にとらないと、いつまでもとれない。
- 読む前に、「何時間以内で読む」と決める。
- 「まえがき」「目次」「あとがき」などに目を通し、あらかじめ本の概略をつかむ。
- 本のストックは切らさない。ダメ本は、さっさと読むのをやめる。
- ポイントに線を引き、ページの角を折る。読みながら考えたことは、どんどん書き込む。
- 読むスピードは一定でなく、緩急をつける。
- 読みながら自分に置き換えてシミュレーションする。

第 4 章

Leverage Reading

読んだままで終わらせるな！

反復と実践によって 100倍のリターンを獲得せよ

今は、人と違う結果を出すためには
どうすればいいのかについて、
新しいやり方を考え、
実行することが「勤勉」であり、
最も短い時間で成果を出すための
工夫をすることが「努力」である。
――――安田佳生
『千円札は拾うな。』

待ってはいけない。「絶好の」ときなどない。
今いる場所からスタートし、
自分の使える道具を使おう。そうすれば、
やがてもっと良い道具が見つかるだろう。
――――ナポレオン・ヒル

最重要な読書後のフォロー

ここまでお話ししたようなやり方で本を読むようになると、それだけで、かなり充実感を覚えるようになります。読んでみれば、本はなかなか面白いものだし、刺激に満ちています。仕事の悩みを解決する方法を本の中に見つけたり、明日からでも使えるノウハウを発見したりするかもしれません。良い本には珠玉の言葉が載っていますから、おおいに励まされ、無性にやる気が出てくることもあります。

しかし、ここに落とし穴があります。

本を読んだことで、早くも満足してしまうのです。たしかに読んでいる最中や読み終わってしばらくは、気分も高揚しているし、そこに書かれていたことをすぐに実行しようという気になります。しかし、人間は忘れる生き物です。現代社会では次から次へと新しい情報が入ってきて、古い記憶を追い出してしまいます。

せっかく投資した時間とコストを回収するためには、これから述べる**「読書後のフォロー」を行うことが絶対に必要です**。もちろん、このようなフォローをしなくても、本を読まないよりは数倍ましです。しかし、読んだ直後は内容を覚えていても、絶対に忘れていきます。

本に線を引いたり、付箋を貼ったりしても、本棚にしまうとなかなか読み返すことはなくなります。次々と新しい本を読むのですから、読後の記憶もどんどん薄れていきます。

残念ながら、読んだ一年後に内容を覚えている可能性はゼロに近いでしょう。たとえば、毎年夏が近づくと、雑誌『Ｔａｒｚａｎ』のダイエット特集号が発売されます。「減らせ！　体脂肪」とか、「水着の似合う身体になる」などのキャッチコピーにひかれて買って読んでみると、「あれ、ここに書いてあるようなことは前にも読んだことがあるぞ」と気づきます。

ダイエットの方法は結局、それほど変わらないのです。炭水化物を控えめにするとか、筋力をアップして基礎代謝を上げるとか。ただ、一年前に自分が読んだことを忘れてしまっているだけです。

それでは、なぜ忘れるのでしょうか。それには次の二つの理由が考えられます。

①ポイントをメモしなかったから。
②実行しなかったから。

①は、結局、読んでいるときだけわかったつもりになってもダメなのです。本から得たノウハウをメモするなど記録に残しておいたりすれば、忘れないでしょうが、その場限りの満足だけで終わってしまいます。

②ですが、悲しいことに、本で読んだことは、実際に体験したことより、どうしても印象が弱い。せっかくいいことを知ったのに、実践する前に忘れてしまうこともよくあります。また、やってみようと思っても、ちょっと準備が必要だったり、意志が強くないとできないことだったりすると、なかなか実行に至らないことがあります。ただ読むだけでは、やはり受け身の行為にすぎないのではないかと思います。

メモすることで記録に残し、実践に使ってみましょう。メモの内容を自分の中に刷り込んでいき、習慣化することで正しいやり方を身につけたり、あるいは、実践のプロセスで、メモしたことがそのままで使えるか使えないかもわかるでしょう。そうした反復をしながら、自分に現実に合うようにアレンジすればよいのです。そして、その洗練されたノウハウが自分のものになり、結果が伴うようになるのです。

ただ、ここでも問題は数ではなく、「どれだけエッセンスを自分のものにできたか」「どれくらいそれを現実のビジネスに生かせたか」で評価すべきだと思います。

そのような理由で、良いノウハウを一〇項目読んだとしても、一年後に残っているのが

○項目なら、意味がないと言えます。以下では、読書後のポイントの整理と、実践に移していくまでのプロセスを紹介していきます。

読後フォローをシステム化する

「ああ、良い本だ。買ってよかった」

読書を続けるうちに、必ず、こんなふうに思える本にめぐり逢うはずです。自分を成長させてくれるヒントや、ビジネスに役に立つ知識が詰まった本を読んでいる最中は、とても刺激を受けています。読み終わったら、ここに書かれていることをすぐに実行に移そうと、本気で思います。

読み終わってしばらくは、書いてあったことも、読んだときのワクワク感も覚えているでしょう。しかし、数日経ってからでは、どうでしょうか。一カ月後に本棚の背表紙を眺めたとき、はたして具体的な内容をどれだけ思い出せるでしょう。おそらく「良い本だったなあ」という漠然とした印象しかないのではないでしょうか。

たいていの人は、本が自分の手元にある限り、いつでも好きなときに読めると思っています。しかし、たとえもう一度手にとったところで、重要なところに印をつけたり付箋を貼ったりしない限り、その部分を探し出すだけで一苦労です。

重要箇所を探すために最初からもう一度読み返すのは、重要でない部分を読みながらになってしまうので、大変な時間の無駄になってしまいます。だからこそ、単なる読書で終わらせてはもったいないのです。

良書との出逢いが数回限りの特別な体験で終わらないようにするには、条件反射的に現実のビジネスで生かせるように、読書をシステム化することです。わたしはせっかく読んだ本の内容を自分のものにする、ベストな方法はないかといろいろ試してみました。その結果、受験勉強のようなやり方がベストだという結論に至りました。つまり、昔、試験に向けて勉強したときは、だいたい左に示すようなやり方で理解を深めたはずです。

本から学ぶのもほぼこれと同じで、これを繰り返すことで、完璧に自分のものにできます。もちろんビジネス書の場合は、試験に出るところを絞り込むのではなく、自分がこの本を読む目的を、現在の課題や人生の目標などと照らし合わせて明確化します。

また、本の内容を暗記する必要はありません。わたしは線を引いた部分をパソコンに打ち込んで、メモを作ります。このメモはさまざまな本の中で自分にとって重要なポイントを集めた、いわば「究極の本」のようなものです。

それを常に持ち歩き、ちょっとしたすき間時間にパラパラめくって眺めることで頭の中

▶試験勉強の手法を読書に合うよう応用する

試験勉強では……

参考書をまるまる1冊読むのではなく、読み始める前に、
過去問題などから試験に出るポイントを絞り込む

⬇

読む

⬇

重要なところに線を引く

⬇

線が引いてあるところのみを繰り返して読む

⬇

問題を解いてみる

⬇

暗記していない部分をカードに書き写す

⬇

カードを繰り返し読む。持ち歩いてすき間時間にチェックする。

⬇

覚えたらそのカードは捨て、覚えていないもののみ残し、繰り返す。

⬇

試験本番

読書では……

自分の課題・目的を絞り込む

⬇

読むべき本を絞り込み、入手して、読む

⬇

重要なところに線を引く、印をつける

⬇

レバレッジメモに要点を抽出し、繰り返し読む

⬇

実践で試す

⬇

レバレッジメモをブラッシュアップし、繰り返し読んで身につける

⬇

実践で条件反射的に対応できるようになる

に焼きつけていきます。そして、実践して自分の身につけています。この作業をしなければ、一五〇〇円が一〇〇倍の一五万円になることはありません。

レバレッジメモの作り方

それでは、「究極の本」の作り方を紹介します。わたしはこれを「レバレッジメモ」と名づけています。

本の大事な部分を抜き書きしたメモを作る方法は、人それぞれ自分に合ったやり方があると思いますが、わたしの方法を紹介しましょう。

方法といっても、ただパソコンに入力して、A４判サイズのコピー用紙にプリントアウトするだけです。それをいつも身につけて、折に触れて読み返します。しかも、現在の自分に合ったところのみを読むことにしています。電車がホームに入ってくるのを待つ間、タクシーに乗っている間、アポイントの相手が現れるまでのすき間時間などに取り出して読みます。

このプリントアウトはファイルフォルダに挟んでいますが、しょっちゅう取り出して眺めるので、紙がボロボロになってきます。そうしたらまたプリントアウトする。その繰り

▶本からエッセンスを抽出する

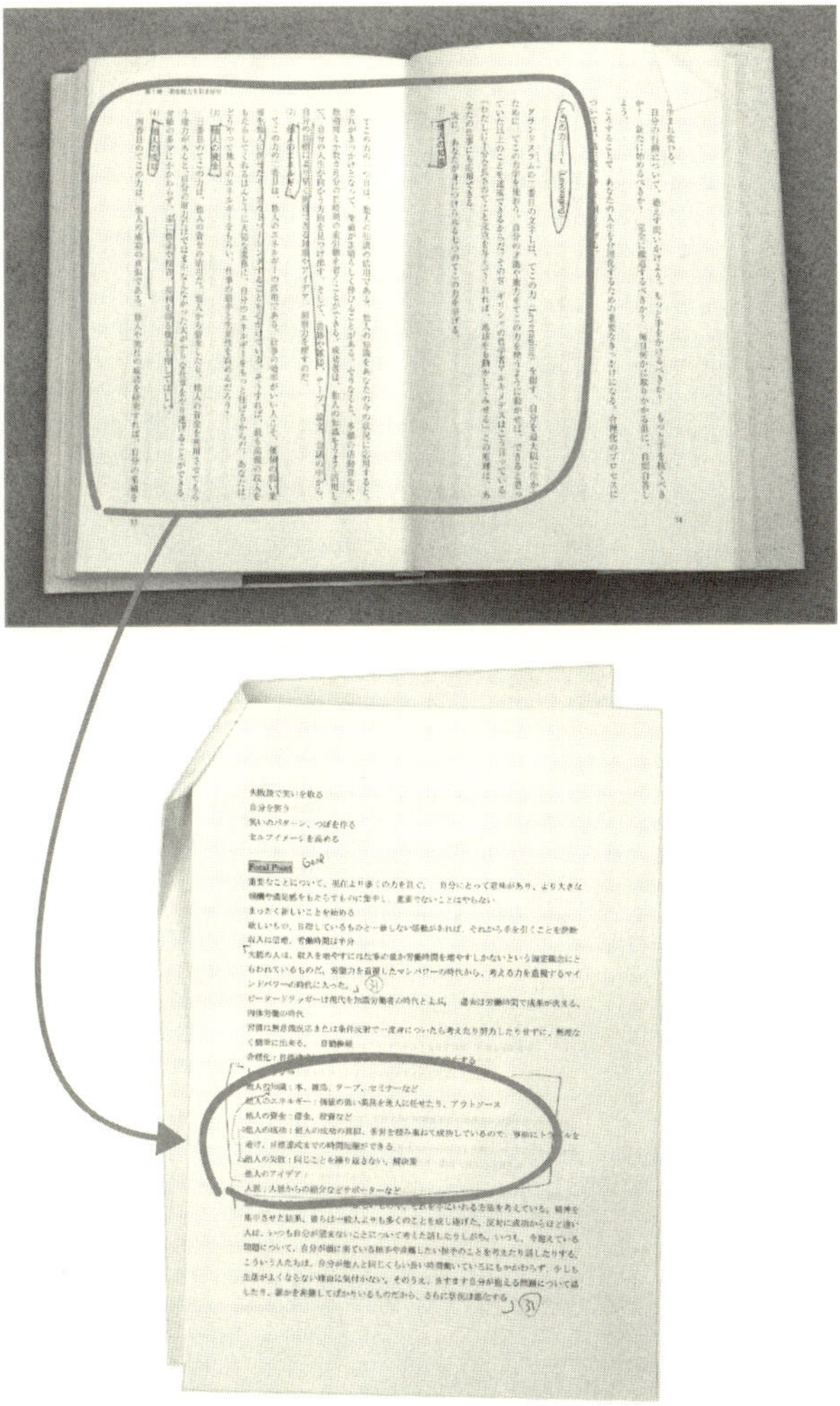

返しです。

なぜ、わざわざパソコンに入力するかといえば、手で書くよりも早いからということと、保存や編集が楽だからです。また、パソコンにデータが残っていると、紛失してもプリントアウトし直せばいいだけなので、安心です。要は最終的に持ち運びに便利な形になればいいわけです。手帳やノートに書き写してもいいし、該当するページの縮小コピーを貼ってもいいでしょう。

また、ワープロソフトで体裁をきれいに整える必要もありません。文字を修飾したりレイアウトに凝ったりすると、だんだん面倒くさくなって続きません。わたしはいつもプレーンテキストで、箇条書きを羅列するだけです。

これは、あなた自身にカスタマイズされたメモで、人に見せるためのサマリーでもありませんし、他人の役に立たなくてもよいものです。自分だけがわかればいいのです。清書というほど大げさなものではないので、あまり凝らずに、シンプルに作ることが長続きのコツです。

ただし、ワープロソフトの設定をして、ヘッダーにファイル名と印刷日時などを入れておくと、後で整理するときにいろいろと役に立ちます。

前章でも述べましたが、わたしは本に線を引くだけでなく、本を読んでひらめいたアイデアや、その本に書かれたことを実践した結果なども、どんどん本に書き込んでしまいます。その書き込みもまた大事な財産ですから、パソコンに入れます。

本がたまったらまとめて入力する

わたしは一週間に一度くらい、メモの入力作業をするようにしています。読むスピードのほうが速いため、よく何冊分もためこんでしまうのですが、作業そのものは単純です。

まず、読み終わった本を次のページの写真のようにパソコンのそばに積み上げます。角が多く折ってあるものほど抜き出す量が多くなります。角を折ったページを開き、線を引いた箇所をそのままダーッと打ち込んでいきます。線を引いた箇所を一字一句正確に丸写しにしてもいいのですが、それよりも、自分なりの言葉で打つほうが早いようです。

誰の言葉かとか、何という本に載っていたかなど、出典はいちいちつけません。たとえば、この引用をもとに本を書くとか、発言者は誰かなどのデータを人に伝える必要があれば別です。しかし、このメモは基本的に自分だけが読むものですから、凝縮したエッセンスさえあれば事足りるわけです。

また、必ずしも本に線を引いた箇所を全部入力しているわけではありません。入力しながら、「ああ、これはいらないな」と思うこともある。そんなふうに取捨選択していくので、メモはさらに選りすぐった内容になります。

　そのためには、読み終わってすぐよりも数日寝かせてから入力したほうがいいでしょう。読んだばかりだと、客観的な目を持てないからです。ちょっと冷静になって見直すと、それほど重要なことでもなかったり、内容が重複していたりします。まとめて入力するというのには、そういうメリットもあります。

▶角を折ったページを開き、まとめて入力する

　それから先ほども述べた、自分なりのアイデアや気づきも付け加えていきます。

　もちろんパソコンに入力する以外にも、メモの作り方はあると思います。

　熊谷正寿さんは読んだ本の内容をご自身の手書きで付箋に抜き書きし、それを手帳に

貼って肌身離さず持ち歩き、読み返しているそうです。また、コピーをとって、それを貼り付けるという方法もあるかもしれません。

中谷彰宏さんは、アシスタントに本をコピーしてもらい、それを切り貼りして一冊の本を編んでしまうそうです。多くの良書を書かれている作家のそれぞれのやり方があります が、あまりルールを設けず、シンプルに書き並べたほうがいいと思います。

また、わたしの知り合いの方の奥さんは、本嫌いな旦那さんのために、ご自身でビジネス書を読んで重要ポイントをまとめ、「究極の本」を作って、旦那さんに読ませていたそうです。その結果、彼はビジネスで大成功を収め、ハワイで優雅な生活を送っています。これぞ究極のパートナーシップでしょう。

入力するのが苦手だとか、忙しくてそこまで手をかけられないという人は、誰かほかの人に代わりにやってもらうのもいい方法でしょう。何もタダでとは言わず、それなりのアルバイト料を払えばいいのです。相手が家族なら無料でもいいかもしれませんが、たとえ人を雇ってでもやってもらう価値はあります。

以上、わたしの方法を説明しましたが、メモを作るには、自分に一番合ったやり方があるはずです。いろいろ試行錯誤しながらやってみてください。

メモがたまったらテーマごとに分類を

最初のうちは、読んだ本一冊につきメモを一つ作るといいでしょう。とはいえ、一冊につき三行しかないとか、せいぜい一〇行なんてこともしょっちゅうかもしれません。

そして、それがだんだんたまってきたら、今度はテーマ別に編集します。たとえば、目標管理についてのメモ、営業のやり方についてのメモ、というように。わたしは次ページのような分類をしています。

これはそのとき自分の持っているカテゴリーで分けているわけで、書店や図書館の分類とは違います。自分さえわかれば、万人が納得する分類にする必要はありません。前章で、同じ本を読んでも、人によって線を引くところが全然違うという話をしましたが、分類の仕方も人の数だけあるのではないかと思います。

気をつけたいのは、分類することに時間や手間をかけすぎないことです。本一冊のメモを携帯しながら、それぞれの箇条書きについて、余白にカテゴリーをメモしていきます。それがたまってきた段階で、各本のファイルを開いて、切り取り、カテゴリーのファイル内に貼り付けていきます。

大切なのは、持ち歩きに便利な「紙」の形にして、常に内容を意識することなので、あまり厳密に分類しないほうがよいでしょう。アトランダムにメモを作っていってもいいと思います。

▶**わたしの分類法**

テーマ別

経営
営業・マーケティング
ビジネスアイデア、商売
起業
IT活用
コーチング、人材マネジメント
ネゴシエーション
ファイナンシャルインテリジェンス
不動産、株式投資
移住
リタイア
タイムマネジメント
ゴールマネジメント
セルフマネジメント
人脈
心理学、脳
読書・勉強
実用英語
健康・フィットネス
運
出版・本の書き方
プレゼンテーション、文章表現

データ

引用文

▶わたしのレバレッジメモ――テーマ別の例

Time MGMT

- JPモルガン⇒ドイツ語を身につけたければ3ヶ月でマスターするか一生やらないか。徹底的にやる
- シリコンバレー経営者⇒翌日の予定を綿密に立ててから寝る。
- 毎日24時間プレゼントされる。 その使い方を財布の中身と同じように賢く配分する
- 5年後の自分にとって本当に大切なことは？
- 投資・エネルギーを分散する
- もはや変えることのできない過去、どうなるかわからない未来が現在の自分の貴重な時間を奪っている
- 時間は貯蓄できない⇒投資するものだ、1つのこといか出来ないので機会費用がかかる
- 毎日少しの積み重ねが大きく実る
- 賢く投資された時間は複利である
- 20VS80の法則

	重要少数	些細多数
勝	今すぐやる	あとでやる・委任する
負	あとでやる	いますぐやる

- 毎日の計画リストに20VS80の分類をする＝20とは：人脈、健康、計画、リーダーシップ、自己啓発、人間関係、レクリエーション
- いやなことをさきにやり、一休みすれば気分爽快
- 自分の努力に対し報酬を与える
- 活動の重ね着をする⇒エクササイズをすると同時にTapeを聞く
- 賢者は先人の知恵から学ぶ⇒時間短縮
- 100%でなく80%を目指す 100%を求めるのは効率が悪い(受験勉強とおなじ)
- こまぎれ時間で出来るよう30分、1時間でこなせる仕事を小分けにして携帯する
- メールはその場ですぐ返事する。 後回しにすれば再度読む必要があり非効率
- 締め切り効果使う⇒取材は何時までと相手に締め切りを設ける、自分に自分で締め切りを設ける
- ついでに出来ることを探す⇒複数のことがまとめて片付く
- プロに任せられることはプロに任す⇒時間を有効に使う、そのプロから学ぶ
- 時間にラベルを貼る⇒今この時間を使う目的明確化。休憩なら休憩のみ。 稼ぐ、学ぶ、休憩など
- 仕事の目標は作業時間でなく作業量で見積もる(参考書をいつまでに終わらせる見たいな感覚か) また作業を細分化する
- 時間家計簿⇒固定費、稼ぐ、学ぶ、休憩・娯楽
- 簡単なものから先にどんどん片付けていき、リズムをつくる
- 本はすべて読まず、必要なところのみを何度も精読する
- タイムパフォーマンス
- 好きなこと・やりたいことはあとにとっておき、それをやるために時間をどう使うか、やるべきことを先にやり時間配分
- 時間が買えるなら、相当払っても安い買い物⇒時間コスト感覚をみにつける
- お金の損は取り返せても、損した時間は取り返せない

それから、わたしはそれ以外に「データ」「引用文」というカテゴリーも作っています。「データ」は、自分のビジネスに必要な数字とめぐり逢ったときに、グラフや図表まで写すことはしませんが、常にメモをするように心がけています。

「引用文」は、とても感銘を受けた言葉と出会ったときに、誰の言葉なのかを明記して、入力しています。ちなみに、本書の各章の一ページ目にも引用文を使わせていただきました。

自己発見の世界的権威であるロビン・シャーマは、「偉大な言葉は一行の中に豊富な知恵を含んでいる」と引用の効果を重視しています（『3週間続ければ一生が変わる』海竜社）。

ご参考までに、わたしの「データ」と「引用文」のメモを掲載しておきましょう。

何度も読んでパーソナルキャピタルを作る

さて、こうして出来上がったレバレッジメモですが、これを作って満足して眺めているだけの人もいるかもしれません。

これでは、まったく意味はありません。本当に何度も繰り返し読むことが重要です。こ

▶わたしのレバレッジメモ——**データ別の例**

ファイナンス関係

アフリュエンザ

Affluence（裕福）とインフルエンザを組み合わせた造語

贅沢病、過剰消費症候群のような意味

米国人の消費傾向

全米消費者組合によると、全米世帯の約4分の1にあたる推定2,900万世帯が、収入では生活費をまかないきれない状況にある。

その一方でヨットなど高級家財の売れ行きは好調で、平均世帯所得がマンハッタンの半分ほどしかないニューヨーク州の田舎町イサカにも、高級レストランやブティックなどと並んでペットスパまで誕生。 価格を見るとぎょっとする品々ばかり。 贅沢志向、過剰消費に励んでいるのが、余裕のある富裕層だけでないことだ。

世帯平均10枚のクレジットカードを駆使し、毎月平均7000ドル分のショッピングをカードで支払っている。 その結果、毎年、クレジット会社に利子だけで総額約650億ドルを払っている計算になる。 クレジット負債額は、99年度調査で5,650億ドルに達し、年間130万人が破産申告をしている。

日本には総資産3億円以上の富裕層が10万人おり、うち2万人は10億円を越えるといわれる 2002年6月7日朝日新聞

公庫融資を利用する単身女性の割合は1995年の5.1%から2002年度には8.2%まで増えた。晩婚化に加え、価格下落で手が届く物件が多くなったのが背景。

日銀が2002年に実施した「家計金融資産に関する世論調査」によると、賃金が下がったために所得水準が1988年なみとなり、1988年と2002年をくらべるとまったく貯蓄をしなかった人が30%も増えたという。特に年収300万円未満の世帯では、その半数が貯蓄を全くしていないという結果が出ている。

メリルリンチなどの推計によると、2001年末時点で、個人で100万ドル以上の金融資産を持つ富裕層が世界の710万人に達したことがわかった。 日本は全体の16.9%で、人口の1%の120万人が億万長者だ

ある調査で、いま、20代の平均書籍代（月間）はたったの2000円だそうだ。 30代は3000円、40代は4000円、年齢を100倍すればだいたい書籍代に等しくなる

上場企業につとめる人の平均年収570万円（2002年）

▶わたしのレバレッジメモ——引用文の例

引用文

Brand

「私は自分の作品について、多くの人に、“まぁまぁだね”と言われるより、ごく一部の人に“すごい”と言われるほうがいい」　テリー・ギリアム（映画監督）

改革

きわめて単純な等式が成り立つ。

すごいプロジェクト＝ルールの変更

ルールの変更＝怒り出す奴がいる

（ちなみに、これは公理である）

トムピーターズ　セクシープロジェクトで差をつけろ

私には一貫性がないと、よくお叱りを受けるが、私はそれを勲章だと思っている　トムピーターズ　起死回生

問題は、新しい画期的な考えをどうやって頭に詰め込むかでなく、古くなった考えをどうやって頭から追い出すかだ

ディーホック VISA 創立者

成功

1．やってみなければ、できるかどうかわからない。

2．すごいことをやってみたいとおもわなければ、すごいことは何も起きない

By Tom Peters

「構えて撃ってから狙え」　ロス・ペロー

「達人とは誰よりも、毎日５分でも長くたたみの上にいる者だ」　昔の武道の伝え

ジャックニクラウスによると成功したショットの半分はイメージの力、４割がセットアップによるもので、スイングは残りの１割でしかないという。

「まずビジョンを作ること、それがすべてです。　そこにビジョンを—特に美しいビジョンを見ることが出来れば、そこから“願望と言うパワー”が生じます。　私の場合で言えば、ステージに立つ自分の姿の雄姿をありありと思い浮かべていたからこそ、ミスターユニバースになりたいと言う自分の希望を実現できたのです。」　アーノルド・シュワルツェネガー

「成功のはしごに足をかける前に、それが目当てのビルに立てかけてあるかどうかを確かめよ」　スティーブン・コビー

「自分は自分のこころの園芸主任であり、自分の人生の総責任者である」

ジェームズアレン

う言うと必ず「暗記するまで読むんですか？」とか、「覚えないとダメですか？」と聞かれます。

しかし、これは試験勉強ではないので、暗記が最終目的ではありません。最終目的は「本で読んだ＝投資活動からリターンを得る」ことなので、暗記する必要はないのです。

その代わり、いつもメモを持ち歩きます。**いつも持ち歩いて繰り返し何度も読むと、その内容が、だんだん自分になじんできます。**使い込んだ道具が手のひらになじむように、ものの考え方や行動習慣が自分自身のものになっていきます。

何か意見を求められたときや判断を迫られたとき、本から学んだことが反射的にパッと出てくるようになります。そうなってはじめて、本当に自分の血肉になったと言えるでしょう。プロスポーツ選手は良いフォームを身体で覚えるまで何度も練習すると言います。だから試合のときに意識しなくてもいいプレーができる。そんなふうにイメージしていただければ、わかりやすいかと思います。

もっとも、メモの量が増えてくると、すき間時間には全部通して読めなくなってくるでしょう。その場合、自分に合った部分だけでも、カテゴリーの中から一つだけでも選び出して、実践に移せるよう心がけてください。

ここでもメモを精読して重要なものを一〇〇見つけるより、実践できる一つを見つけるほうがはるかに効果的です。そして、その実践の中から、修正・応用して自分にフィットするものを作り出していってください。

こうした行為の積み重ねを、わたしは「パーソナルキャピタル（自分資産）」を増やす行為と思っています。メモという情報の「含み資産」を顕在化するのです。

このように、「本の抜粋を作って、いつも持ち歩いて読む」という、たったそれだけのことですが、やるのとやらないのとでは、全然違います。一五〇〇円を一〇〇倍の一五万円に変えるには、この方法しかありません。投資効率を考えた場合、同じ読書をするなら、ここまでしないと逆にもったいないと思います。

たくさんの本を読んで、その中から重要なところだけを何度も読み返す。それだけで他人の経験や知恵を自分のものにできるのですから、こんなに格安な自己投資はありません。

言葉をおごる

このレバレッジメモは自分だけのもの、と言いましたが、同じような課題を抱える人にこのメモの内容を伝えることも、一つの実践の手段ではないかと思います。

たとえば、わたしが経営する会社の研修のときには、わたしのメモから、その会社にとって重要と思われることを、そのメンバーにもわかるような形で抜き出して、配っています。そして、わたしがその内容を説明したりすることで、自分も改めて身につくことが多いですし、メンバーからの反応で新たなアイデアをもらったりもします。P・F・ドラッカーは『プロフェッショナルの条件』（ダイヤモンド社）の中で、「知識労働者は自らが教えるときに最もよく学ぶという事実がある」と述べています。

これは成功への近道を進むためのエッセンスやノウハウでもあり、また、頭の中にあるものを共有できるという利点があります。

世界を代表するホテルのリッツ・カールトンでは、全従業員に「クレド」と呼ばれる、顧客への最高度のサービスというホテルの使命を書いたカードを常に携帯させていますが、このメモにもそんなふうな役割があります。

それから、先ほど「引用文」のカテゴリーについても紹介しましたが、そのメモは自分の役に立てるだけではなく、アドバイス的にその言葉を抜き出して知人にメールで送るようなことをしてもいます。いわば「言葉をおごる」ようなものですが、わたしの言葉としてよりも第三者が言った言葉を引用することで、相手にもより説得性を持って伝わるようになります。

一度読んだ本は二度読まない

さて、このようにメモを作ってしまえば、本そのものは、出がらしのお茶の葉のようなものです。読み返しても、もうほとんど何も出てきません。それよりも、新しい本を読んだり、メモを読み返したりすることに集中したほうが、効率よくエッセンスを吸収することができます。なんといっても時間は有限ですから、一度読んだ本は二度読まないつもりでいたほうがいいと思います。

しかし、名著の中の名著は別です。たとえば、デール・カーネギーの『人を動かす』『道は開ける』（創元社）は、一流のビジネスパーソンの間で、なんと三〇年以上も読み継がれています。このような良書は、時間が経ってから読むと、まったく違うところに感銘を受けたりするものです。わたしも折に触れ読み返していますが、初めて読んだ二三歳のときと今とでは、線を引くところが全然違います。

試しに同じ本を数年後に読み返してみてください。線を引くところは絶対に同じではないはずです。

なぜなら、それは自分が成長したから。人間はそのときどきで、抱えている課題や目的

が変わるからです。レベルアップしたからこそ、線を引くところが変わる。自分の成長度合いによって、若いときに読んでもわからなかった部分にしみじみと感動したり、さまざまな経験を積んだことで、もっと深い読み方ができたりするようになります。

このような読み方ができるのも、名著の条件だと思います。そういうふうに大事にとっておいて、折に触れ読み返す本は、何冊かあってもいいでしょう。しかし基本的に、一度読んだ本はもう読みません。読むとしたら、メモの形で読みます。

わたしが例外的に二度読む本は、一年で四〇〇冊読むうち、せいぜい五%程度で二〇冊ぐらいでしょうか。この二〇冊はかなり良い本なので、周囲の人にすすめて回ります。その後で読み返すのです。

とはいえ、そういうときも全部一から読み返さないで、レバレッジ・リーディングを実践して読む程度です。しかも、二度目なのでかかる時間も一回目の半分以内です。

ご参考までにわたしのベストビジネス書を一六二〜一六三ページに掲載しておきましょう。

真に本を大事にするとは

年間四〇〇冊の本を読むということは、当たり前ですが、それだけの冊数を買うということにほかなりません。この分量ですと、狭い部屋ならあっという間に足の踏み場もなくなります。

整理をさぼって床に積み上げたりしはじめると、あっという間にどんどん増殖し、何かの拍子に「雪崩」を起こしたりします。そうなるとどんどん整理が面倒になるという悪循環に……。

やはりある程度は整理する作業も必要です。かといって、この量をまともに本棚に並べて収納していたら、すぐ満杯になってしまいます。

そういうわけで、わたしはどんどん本を処分します。はっきり言って、捨ててしまいます。「雑誌はともかく、本を捨てるなんて」と思う人も多いでしょう。しかしそういう「常識」こそ捨てないと、とても年間四〇〇冊ペースの多読は何年も続けられないのです。時間だけでなく場所も有限なのですから。

さらに言うと、メモを作れば本そのものは、出がらしのお茶の葉と同じですから、大事にとっておいても、あまり意味はありません。メモを作るメリットは、本そのものを保存しておかなくてもすむことにもあるのです。

本を捨てるのはもったいないかもしれませんが、だからといって古本屋に売ったり、図

読んでおくべきビジネス書20

ダニエル・ピンク『フリーエージェント社会の到来』ダイヤモンド社

ハロルド・ジェニーンほか『プロフェッショナルマネジャー』プレジデント社

望月護『ドラッカーの実践経営哲学』PHP研究所

神田昌典『口コミ伝染病』フォレスト出版

トム・ピーターズ『ブランド人になれ』阪急コミュニケーションズ

石原明『営業マンは断ることを覚えなさい』明日香出版社

バーバラ・コーコラン『大きなケーキは人にゆずろう』ソニーマガジンズ

スティーブ・モリヤマ『ユダヤ人成功者たちに秘かに伝わる魔法のコトバ』
ソフトバンククリエイティブ

御立尚資『戦略「脳」を鍛える』東洋経済新報社

チャック・クレマーほか『財務とは何か』日経BP社

オグ・マンディーノ『地上最強の商人』日本経営合理化協会出版局

井上和弘『カネ回りのよい経営』日本経営合理化協会出版局

松井浩一『儲かる会社の作り方』同文舘出版

三枝匡『V字回復の経営』日本経済新聞社

加藤昌治『考具』阪急コミュニケーションズ

ピーター・モントヤほか『パーソナルブランディング』東洋経済新報社

熊谷正寿『一冊の手帳で夢は必ずかなう』かんき出版

リチャード・ワイズマン『運のいい人、悪い人』角川書店

ジム・レーヤー『メンタル・タフネス　成功と幸せのための4つのエネルギー管理術』
阪急コミュニケーションズ

ロバート・B・チャルディーニ『影響力の武器』誠信書房

（順不同）

▶わたしのベストビジネス書

原理原則の本10

デール・カーネギー『人を動かす（新装版）』創元社

デール・カーネギー『道は開ける（新装版）』創元社

リチャード・コッチ『人生を変える80対20の法則』阪急コミュニケーションズ

ジェームズ・C・コリンズほか『ビジョナリー・カンパニー』日経BP出版センター

P・F・ドラッカー『プロフェッショナルの条件』ダイヤモンド社

ブライアン・トレーシー『フォーカル・ポイント』主婦の友社

ナポレオン・ヒル『思考は現実化する』きこ書房

藤本義一『よみがえる商人道』日刊工業新聞社

C・W・ブリストル『信念の魔術』ダイヤモンド社

ジョージ・レナード『達人のサイエンス』日本教文社

2006年に読んだ読むべきビジネス書10

大橋禅太郎『すごい会議』大和書房

安田佳生『千円札は拾うな。』サンマーク出版

稲盛和夫『生き方』サンマーク出版

キース・フェラッジほか『一生モノの人脈力』ランダムハウス講談社

嶋津良智『だから、部下がついてこない!』日本実業出版社

原尻淳一・小山龍介『IDEA HACKS!』東洋経済新報社

米田隆『最強の「個人資産」形成術』ファーストプレス

梅田望夫『ウェブ進化論』ちくま新書

新川義弘『愛されるサービス』かんき出版

大前研一『即戦力の磨き方』PHPビジネス新書

書館に寄贈したりすることもできません。なぜなら書き込みでグチャグチャですし、ページは折り目でいっぱいだからです。これはもう割り切って資源ゴミに出し、再生紙として生まれ変わってもらうしかないでしょう。

レバレッジ・リーディングでは、ポイントを絞り込んだ後、その本のエッセンスを繰り返し何度も読むことに重点を置きます。本を読み終わってからも、まだまだ読書は続くのです。エッセンスを実行してみて、「これはちょっと自分には合わない」とか、「ここをこうすればいい」「これはうまくいった」「これは」などと自分なりの解釈を加えていきます。そうやってエッセンスを脳に刻みこみ、実際に使ってみることで、本代の一〇〇倍の価値が生まれるのです。

多読は一見、本を粗末に扱っているように見えます。本に折り目はつけるし、わたしの場合は、バスタブで読んで湿らせたりするし、ミミズがのたくったような傍線が引いてある。しかも全部を読まずに、どんどん捨ててしまいます。本をバカにしたような、失礼なやり方に見えるかもしれません。

しかし、本当に重要だと判断したエッセンスは繰り返し読んで頭にたたき込みます。エッセンスを抜き書きしたものは肌身離さず持ち歩きます。そうやって、一〜二行のフレーズと何年もつき合うのです。なかには、半永久的に読み続けるフレーズもあります。本当に大事な部分は、骨までしゃぶりつくすやり方です。

本を買ったときと同じきれいな状態にしたままで、数カ月後には内容を忘れてしまうような読み方よりも、実は本を大事にしているのではないでしょうか。

本棚を使った簡単整理法

わたしはかなりの分量の本を捨てますが、なんでもかんでもすぐに捨てるわけではありません。ある程度の期間は、本棚に並べて手元に置いておきます。

ふつうは、一度本棚に並べたら、年末の大掃除でもない限り、めったに動かさないのではないでしょうか。しかし、わたしはしょっちゅう手を入れて並べ替えています。といっても、厳格にルールを決めてきっちりと分類しているわけではありません。

面白い本やためになった本は本棚の上のほうに置き、つまらなかった本、得るところの少なかった本は下のほうに置いています。そして、本棚に入りきらなくなったら一番下の段にある本から捨てていくという、いたってシンプルな整理法です。

わたしのオフィスには壁一面を使った造りつけの本棚があります（本書のカバーにその写真を使っています）。正方形を縦横に並べたような形をしていて、床から天井まで届く

▶本棚を使って整理する

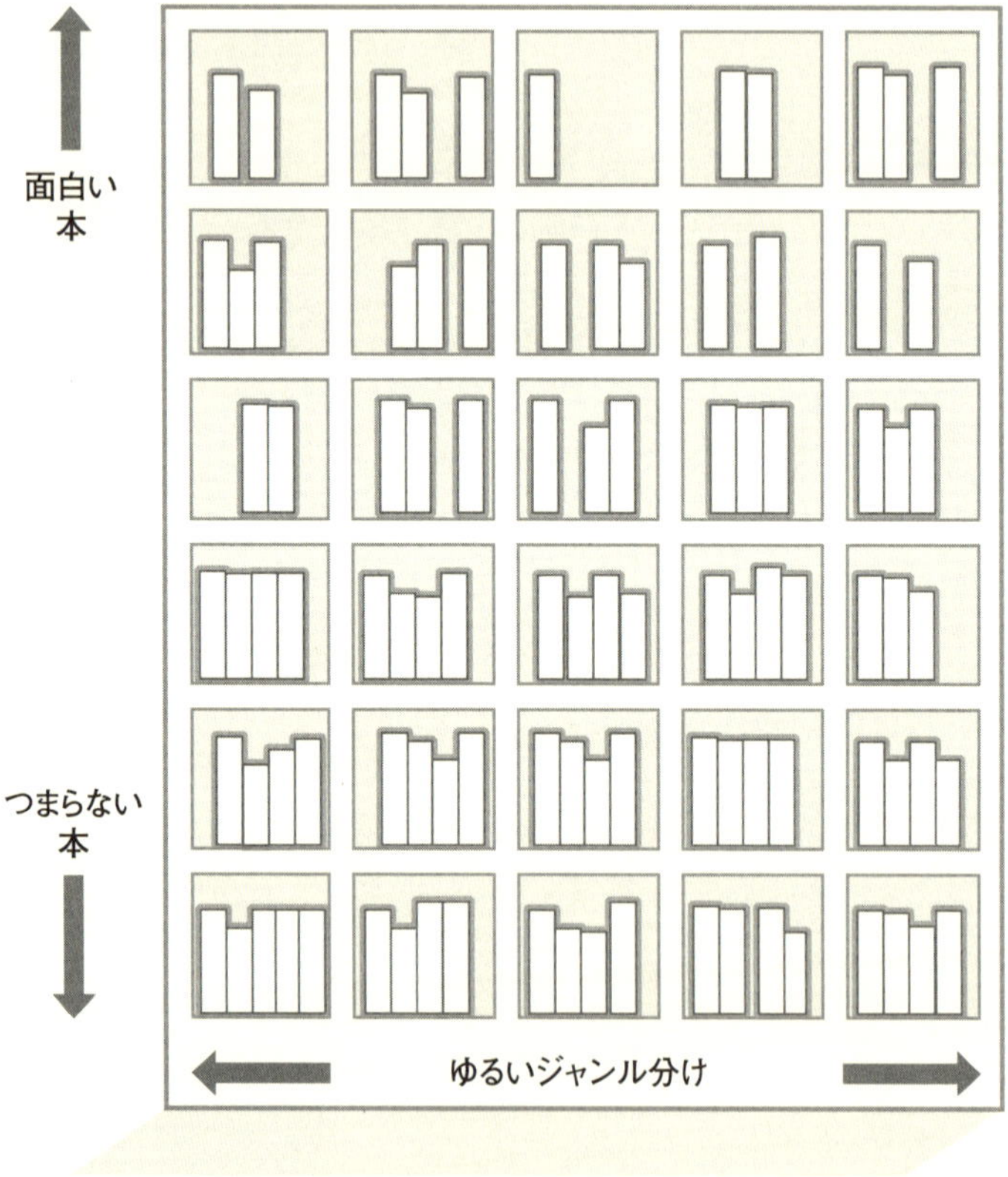

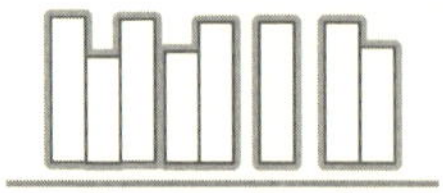

ip20の本棚に興味のある方は、同社ホームページ（http://www.ip20.co.jp）内の「施工実例集」の「Home Office08」に、実際のわたしのオフィスに設置した本棚の詳細情報をご覧になれます。

高さです。頻繁に出し入れするので、ホコリよけのガラス扉などはついていません。整理専用の本棚を設けるのはスペースも取りますし、費用もかかりますが、これも投資の一つです。しっかりした良い本棚を持つと、整理が面倒でなくなります。

ちなみに、わたしが使っているのは「.ip20」というドイツ生まれの作りつけ家具です。壁の大きさに合わせて、一センチとか二センチ単位でいくらでも動かせます。

この本棚に読み終わった本を入れていきます。このとき、一冊一冊内容を思い出して厳密にランキングをつけていては、並べるだけでもけっこう時間がかかってしまいます。そこで、簡単な本の評価方法を使います。

それは、本のページがどれだけ折ってあるかで判断するのです。本を閉じたまま紙の厚みを見ると、折り目がたくさんあるか、それほどでもないかが一目瞭然です。そうすれば、いちいち本を開く必要もなく、ポンポンと放り込んでいけます。

凝り性の人は、本の並べ方や見た目にこだわりたくなるかもしれません。たとえば本を内容でなく大きさで揃えたり、出版社別などに分類したりする人がいます。また、書斎の本棚に難しそうな本ばかり並べて、知性を誇示する人もいます。

しかし、わたしのオフィスの本棚は、常に位置が入れ替わる仮の置き場にすぎないので、きれいに並べることに手間暇をかけるのは、無意味だと思っています。

実践で活用してみよう

「知識に経験が加わってはじめて、物事は『できる』ようになるのです。それまでは単に『知っている』にすぎない。情報社会となり、知識偏重の時代となって、『知っていればできる』と思う人も増えてきたようですが、それは大きな間違いです。『できる』と『知っている』との間には、深くて大きな溝がある。それを埋めてくれるのが、現場での経験なのです」

これは、京セラ名誉会長の稲盛和夫さんの著書『生き方』（サンマーク出版）にある言葉です。たとえばゴルフでも本を読むと、こうグリップすればいいんだとか、こうスイングすればいいんだとできる気分になり、練習場ではうまくいくのですが、コースに出てやってみると、天候、地形などの環境条件の違いや、心理面での違いなどのさまざまな要因により、まったくできなかったりします。実践で経験することではじめて、自分で消化し、自分のものにして、できるようになってくるのです。

実際のビジネスにおいても同じで、知識があってもマーケット環境や人材面・資本面などのさまざまな要因で状況が変わるので、実践で経験し、はじめて自分の本当の力になるのです。

これに関連して、少し長くなりますが、もう一つ言葉を引用しましょう。

「成果をあげる人に共通しているのは、自らの能力や存在を成果に結びつけるうえで必要とされる習慣的な力である。企業や政府機関で働いていようと、病院の理事長や大学の学長であろうと、まったく同じである。私の知るかぎり、知能や勤勉さ、想像力や知識がいかに優れようと、そのような習慣的な力に欠ける人は成果をあげることができなかった。

言いかえるならば、成果をあげることは一つの習慣である。習慣的な能力の集積である。そして習慣的な能力は、常に習得に努めることが必要である。習慣的な能力は単純である。あきれるほどに単純である。七歳の子供でも理解できる。掛け算の九九を習ったときのように、練習による習得が必要となるだけである。「六、六、三十六」が、何も考えずに言える条件反射として身につかなければならない。習慣になるまで、いやになるほど反復しなければならない」（P・F・ドラッカー『プロフェッショナルの条件』ダイヤモンド社）

とにかく大事なのは、本から得たノウハウをレバレッジメモにまとめ、繰り返し読んで

条件反射的に行動できるようにし、どんどん実践で活用していくことです。読まなければ始まらないのは無論ですが、読んだだけで実行しなければそれで終わりです。

「畳の上の水練」という言葉があるように、泳ぎ方の理論だけ知っていてもダメで、実際に水にもぐって理論が正しいかどうか試してみないと、その本当の価値はわかりません。

実行する回数が増えれば、それだけ練習を積んだのと同じです。プロスポーツ選手が練習に練習を重ねるのは、よい動きを身体で覚えるためです。だからこそ実際の試合になると自然と身体が動く。同じように、何度もメモを読み返し、ビジネスの現場で本から学んだことを条件反射的に自然と実行できるようになれば、自分でも驚くような、すごい結果が待っているはずです。

現状の課題や自分の目標にあったものを集中的にチェックし、学んだことを人に話したり、教えたりするのも「自分に身につけて実行する」ことです。たとえば社員やチームミーティングなどで、本に書いてあったことを取り上げたりすれば、共通の認識ができます。本で読んだことを人に教えようと思ったら、完全に咀嚼している必要があります。そこでまた理解が深まる。

たくさんの冊数を読むことも大事ですが、たくさん実行することのほうが大事です。とにかく行動して、試してみてほしいと思います。

第4章のまとめ

・読書後のフォローは絶対必要。
・線を引いたところを抜粋した「レバレッジメモ」を作る。
・メモは常に持ち歩き、空き時間に何度も読む。
・メモはパソコンで作ってプリントアウトするだけ。
・メモはテーマ別、データ別、引用文に分類すると使いやすい。
・基本的に一度読んだ本は、よほどの良書でない限り、もう読み返さない。
・メモの内容を実践で活用し、条件反射的に行動できるようにする。

著者紹介

レバレッジコンサルティング株式会社代表取締役社長兼 CEO.
シティバンクなどの外資系企業を経て，バックスグループの経営に参画し，常務取締役として JASDAQ 上場に導く．現在は，日米のベンチャー企業への投資事業を行うと同時に，少ない労力で多くの成果をあげるためのレバレッジマネジメントのアドバイスを行う．日本ファイナンシャルアカデミー取締役，コーポレート・アドバイザーズ取締役，米国 Global Vision Technology 社取締役，アスロニア取締役，アロハテーブル取締役，コポンノープ取締役などを兼務．東京，ハワイに拠点を構え，年の半分をハワイで生活するデュアルライフをおくっている．
著書に，レバレッジシリーズをはじめ，『ノマドライフ』『パーソナル・マーケティング』などがあり，著書累計250万部を突破し，韓国，台湾，中国で翻訳版も発売されている．
サンダーバード国際経営大学院経営学修士（MBA）．明治大学商学部産業経営学科卒．日本ソムリエ協会認定ワインアドバイザー．アカデミーデュヴァン講師．上智大学非常勤講師．
ホームページ：http://www.leverageconsulting.jp/
E-mail：info@leverageconsulting.jp

レバレッジ・リーディング

2006年12月14日　第1刷発行
2025年7月11日　第27刷発行

著　者　本田直之《ほんだなおゆき》
発行者　山田徹也
発行所　〒103-8345
東京都中央区日本橋本石町1-2-1　東洋経済新報社
電話　東洋経済コールセンター03(6386)1040
印刷・製本　港北メディアサービス

Printed in Japan　ISBN 978-4-492-04269-4　https://toyokeizai.net/